Não se esqueça de mim!

Editora Appris Ltda.
1.ª Edição - Copyright© 2024 da autora
Direitos de Edição Reservados à Editora Appris Ltda.

Nenhuma parte desta obra poderá ser utilizada indevidamente, sem estar de acordo com a Lei nº 9.610/98. Se incorreções forem encontradas, serão de exclusiva responsabilidade de seus organizadores. Foi realizado o Depósito Legal na Fundação Biblioteca Nacional, de acordo com as Leis nos 10.994, de 14/12/2004, e 12.192, de 14/01/2010.

Catalogação na Fonte
Elaborado por: Josefina A. S. Guedes
Bibliotecária CRB 9/870

S237n 2024	Santos, Solange Valmira Ocker dos
	    Não se esqueça de mim! / Solange Valmira Ocker dos Santos. – 1. ed. – Curitiba: Appris, 2024.
	    111 p. ; 21 cm.
	
	    ISBN 978-65-250-5709-5
	
	    1. Ficção brasileira. 2. Memória. I. Título.
	
	                                                                    CDD – B869.3

Appris
editora

Editora e Livraria Appris Ltda.
Av. Manoel Ribas, 2265 – Mercês
Curitiba/PR – CEP: 80810-002
Tel. (41) 3156 - 4731
www.editoraappris.com.br

Printed in Brazil
Impresso no Brasil

Solange Ocker

Não se esqueça de mim!

FICHA TÉCNICA

EDITORIAL	Augusto Coelho
	Sara C. de Andrade Coelho
COMITÊ EDITORIAL	Marli Caetano
	Andréa Barbosa Gouveia (UFPR)
	Jacques de Lima Ferreira (UP)
	Marilda Aparecida Behrens (PUCPR)
	Ana El Achkar (UNIVERSO/RJ)
	Conrado Moreira Mendes (PUC-MG)
	Eliete Correia dos Santos (UEPB)
	Fabiano Santos (UERJ/IESP)
	Francinete Fernandes de Sousa (UEPB)
	Francisco Carlos Duarte (PUCPR)
	Francisco de Assis (Fiam-Faam, SP, Brasil)
	Juliana Reichert Assunção Tonelli (UEL)
	Maria Aparecida Barbosa (USP)
	Maria Helena Zamora (PUC-Rio)
	Maria Margarida de Andrade (Umack)
	Roque Ismael da Costa Güllich (UFFS)
	Toni Reis (UFPR)
	Valdomiro de Oliveira (UFPR)
	Valério Brusamolin (IFPR)
SUPERVISOR DA PRODUÇÃO	Renata Cristina Lopes Miccelli
PRODUÇÃO EDITORIAL	Sabrina Costa
REVISÃO	Katine Walmrath
DIAGRAMAÇÃO	Renata Cristina Lopes Miccelli
CAPA	João Vitor Oliveira dos Anjos

Este livro é dedicado ao Arnaldo Ocker,
à Valmira Mafra e ao José Abílio Ocker, com amor.
A partida de vocês me ensinou o verdadeiro sentido da palavra saudade!

Sumário

Prólogo..9

Capítulo um
Adaptação... 12

Capítulo dois
Crescimento.. 23

Capítulo três
Reencontro.. 31

Capítulo quatro
Anseios.. 34

Capítulo cinco
Infância... 39

Capítulo seis
Partida... 46

Capítulo sete
Negócios 53

Capítulo oito
Surpresas... 57

Capítulo nove
Suspeita 64

Capítulo dez
Confronto 70

Capítulo onze
Retorno 75

Capítulo doze
Prudência 80

Capítulo treze
Revelações 84

Capítulo quatorze
Angústia 90

Capítulo quinze
Confissão 95

Capítulo 16
Lembrança 99

Capítulo dezessete
Compreensão 102

Epílogo 106

Agradecimentos 110

Prólogo

O dia amanhecia quando o *saragaço*[1] começou. Era uma gritaria tão forte que alcançou a névoa dos sonhos de Amélia, por isso ela saíra sem ao menos calçar uma sandália. Por instinto, saiu da casa e seguiu rumo à praia para tentar entender o porquê de tanta gritaria. Sentiu os pés gelarem em contato com o chão frio. Seu corpinho magrelo tremia descontroladamente. Estava tudo um caos, havia mulheres e crianças chorando, alguns homens gritavam energicamente:

— Ajudem! Rápido!

Corriam e gritavam tentando descer alguns botes numa tentativa frenética de socorro.

— Ajudem aqui! Meu Deus! Não vai dar tempo!

Os gritos dos homens tornavam-se cada vez mais desesperados

Outros, mais velhos, aguardavam sentados em algumas canoas que ficavam emborcadas na areia, com olhar apreensivo e semblante de fatalidade.

Em meio à confusão, a menina ia se esgueirando sem que ninguém a notasse. Ansiava para que alguém falasse alguma palavra que satisfizesse sua curiosidade pueril. Ela estava confusa e ame-

---

[1] Barulho, alvoroço.

drontada, mesmo assim foi abrindo caminho em meio aos adultos, como se estivesse em um sonho, até que chegou bem pertinho dos pequenos botes.

— Ajudem! — A mesma palavra era repetida por quase todos os presentes, como se fosse uma das orações que a mãe lhe mandava dizer toda noite. Amélia sorriu com esse pensamento, embora seus lábios tremessem e seus olhinhos estivessem arregalados por presenciar tamanha confusão. Aos poucos foi tomando consciência da gravidade da situação. Mesmo com todos falando quase ao mesmo tempo, dava para sentir a apreensão e angústia na maneira como falavam.

Foi muito rápido!

— Parece que o fogo começou pela casa de máquina — disse um dos homens.

— Vinha muito carregado! — disse um outro. — Deve ter forçado demais o motor!

Uma palavra aqui, outra ali e a garota conseguiu entender vagamente o que havia acontecido: um acidente grave com um dos barcos grandes.

Algumas palavras se perdiam em meio às outras, mas duas começaram a ecoar em seus ouvidos repetidamente: tripulação e fogo.

Um medo inexplicável começou a tomar forma em sua mente, intensificando ainda mais o tremor do seu corpo. Preciso encontrar minha mãe, pensava ela. Observou o ambiente à sua volta, o choro preso na garganta; ela não estava ali. Começou a sentir uma dor no peito, parecia não conseguir respirar; olhou em torno mais uma vez e viu sua querida mãe caída de joelhos no chão; queria correr para seu colo, mas foi chegando de mansinho e a abraçou.

— Mamãe!

Ao sentir os bracinhos macios, seu corpo foi sacudido por um soluço reprimido, mas se voltou para a criança e a aconchegou em seu colo.

— Olhe! — disse roucamente. — Não sei como vai ser... — fez uma pausa, abraçou a filha fortemente e falou bem pertinho do seu ouvido: — Mas vai ficar tudo bem!

Dava para sentir em seu rosto o gosto salgado das lágrimas, não sabia se eram suas ou da mãe. Sem que alguém lhe dissesse qualquer coisa, entendeu que sua vida a partir daquele dia tomaria um novo rumo.

Capítulo um

Adaptação

Para Amélia, os dias começaram a ter um novo ritmo. Desde as manhãs, quando ela e a mãe organizavam a rotina do dia para poderem dar conta dos afazeres da casa e do trabalho com os pescados, até seus almoços corridos e as noites que acabavam depressa demais.

Mal conseguia se lembrar das semanas logo após o acidente com o pai. Estranhamente, aquele período se transformara em uma série de recordações fragmentadas. A busca pelo corpo, as pessoas que se aglomeravam ao redor da casa em busca de notícias, pesadelos sufocantes quando tentava dormir.

Era início de verão — quase Natal — e Amélia passou a maior parte do tempo ajudando a cuidar dos irmãos gêmeos, que eram ainda bebês.

Alguns homens sobreviveram, outros não tiveram a mesma sorte. Após alguns dias do acidente, algumas vítimas foram encontradas.

Sua mãe não comia nem bebia, a angústia da espera e a falta do corpo não lhe trouxeram o alento da despedida final. Ela usou preto, por um longo tempo, enlutada.

Então, por fim, a sobrevivência e o amor aos filhos falaram mais alto. E o preto foi posto de lado.

Amélia olhava a mãe todos os dias se desdobrando para dar conta das tarefas que ajudavam na renda da família, pois sem o pai as coisas ficaram muito difíceis.

— Sem o corpo, você não pode receber a pensão. Lamento, mas não posso fazer nada para ajudar — o dono do barco explicou para sua mãe, que chorou desconsolada por quase uma semana sem sequer levantar da cama.

Depois desse triste episódio, os quatro foram forçados a adaptar-se a viver sem a provisão do pai. Mas o pior de tudo mesmo, pensou a menina, era acostumar-se com a saudade que a ausência do pai trouxera.

O sustento da casa vinha das múltiplas tarefas que a mãe fazia, como lavar roupas para as senhoras mais abastadas da vila, ajudar na colheita de café de alguns vizinhos e também na limpeza de camarão e peixes.

Ela aprendeu a escalar peixe tão bem que essa logo passou a ser a sua principal fonte de renda.

Assim que Amélia cresceu mais um pouquinho, sempre que possível, auxiliava a mãe. Um dia, a menina aparentava estar muito cansada e, embora sua mãe também estivesse, esta disse:

— Você está um pouco calada hoje. — Amélia balançou a cabeça.

— É que estou cansada.

— Estamos quase terminando, Amélia. Ânimo, filha, daqui a pouco seu Antônio chega para pegar os peixes, temos que adiantar... — A menina suspirou e assentiu com a cabeça.

Fazia horas que estavam ali escalando e fazendo filés de corvina e pescada-branca, as costas doíam, as mãos machucadas impediam a fixação da faca, dificultando ainda mais o trabalho delas, pois no dia anterior elas haviam feito filé de bagre.

— Eu estou com muita dor nas mãos — choramingou a menina. Sua mãe olhou, rapidamente, para as mãos da garota.

— Está bem machucada mesmo! Logo mais faço o remédio para você. — E, ao perceber a carinha de assustada da criança, acrescentou: — Vai doer um pouco, mas hoje você está liberada das outras tarefas.

Essa promessa fez Amélia esquecer-se da ardência que o remédio provocava — uma mistura de água morna, sal e vinagre. Raramente fazia planos para brincar depois das tarefas, pois o cansaço era tanto que às vezes dormia sem conseguir fazer os deveres escolares. Mas nesse dia agradeceu pelas mãos machucadas, pois a mãe prometera deixá-la livre, assim que terminassem os peixes.

Enquanto trabalhavam, a mãe pensava que o trabalho com pescados era muito árduo, mas era grata a Deus porque ao longo do tempo elas foram aperfeiçoando suas habilidades e quase sempre conseguiam uma boa produção.

Já fazia algum tempo, Amélia tinha se tornado o braço direito da mãe. Embora muitas vezes se sentisse injustiçada por tantas tarefas, entendia que para ela sua ajuda fazia toda a diferença.

Eram duas mulheres responsáveis pelo sustento da casa, pensou, estufando o peito de orgulho. Pelo menos alguma coisa estava dando certo.

Aprendeu com a mãe que esse era um bom pensamento para cultivar enquanto realizavam as duras tarefas.

— Ai... finalmente terminamos! Você já pode ir pra casa. Vou limpar as coisas e daqui a pouco já estarei indo também. Vou fazer uma polenta hoje.

A menina olhou para a mulher que tentava empregar um pouco de ânimo na voz. Embora seu timbre denotasse uma rouquidão que certamente provinha do cansaço. O que ela nem imaginava era que a mãe escondera uma caixa com os peixes que ainda deveriam ser limpos, pois lhe doía o coração ter que tomar o tempo da infância da filha com tanto trabalho.

Amélia retornou a casa, demonstrando agitação e pressa, queria contar logo para os meninos que teriam polenta no jantar, mas antes tinha que passar na venda do seu Zé, para comprar o fubá.

Armação da Piedade era uma vila pequena de pescadores. Mas, do ponto de vista histórico, era uma riqueza. A *Igreja Nossa Senhora da Piedade* — uma das mais antigas de Santa Catarina —, construída em 1745, era o orgulho dos moradores locais.

Uma outra maravilha considerada pelos habitantes era a venda de seu Mário José da Costa, conhecido no bairro como seu Zé da Quitanda.

Ela era antiga de todos os modos possíveis e uma maravilha em termos de estoque.

O homem se gabava de ter nela um pouco de tudo. Tinha tantos pequenos compartimentos que ninguém compreendia como ele conseguia encontrar os produtos pedidos.

Algumas coisas ficavam penduradas, à vista dos fregueses. A carne seca, linguiças, alguns pedaços grandes de costelas defumadas. De vez em quando aparecia um cacho de banana também.

Mas o que a garotada mais gostava era do baleiro que ficava em cima do balcão. Nele tinha todo tipo de doces: vários tipos de balas, quebra-queixo, pé de moleque e algumas vezes tinha pirulitos e maria--mole. O baleiro ficava ao alcance dos olhos da molecada e rodava.

Quando, quase como se não quisesse, a menina batia com seu braço e ele começava a girar, seus olhos acompanhavam com rapidez o chacoalhar dos doces, fazendo seu coração bater na mesma velocidade do movimento.

Amélia olhava aqueles doces como se fossem algo sagrado, verdadeiras relíquias. Disse a si mesma: — Quando eu crescer vou comprar todos esses doces!

Enquanto andava apressadamente rumo à venda, pensava:

— Seu Zé deve ser muito rico — deu um leve sorriso. — Ele pode comer tudo o que ele quiser e na hora que ele quiser.

Como sempre, o homem estava vestido com uma calça de brim marrom e uma camisa atacada nos punhos. Era um senhor alto, corpulento, com um imenso bigode. Era intimidador, mas tinha boa fama de ser um respeitado homem de família.

Sempre que a menina ia à venda, ele perguntava se estavam bem e como estava sua mãe.

— Como vão as coisas em casa, garota? — o homem disse debruçando-se no balcão da venda e com seu tom de voz ligeiramente diminuído.

— Tudo bem, seu Zé — a menina respondeu, cabisbaixa, com seu tom de voz também mais baixo do que o normal.

— Falta alguma coisa para vocês? — ele insistia com a abordagem, olhando rapidamente de um lado para o outro. — Pode dizer pra mãe que se precisar seu Zé leva, tá? É só chamar!

Amélia, repetindo o gesto do seu Zé, também olhou ao redor meio envergonhada, pois não gostava quando faziam menção às condições que ultimamente enfrentavam.

— Não falta nada, não, senhor! — falou, um pouco nervosa, mas cheia de convicção. — Só a linguiça mesmo que acabou e os meninos adoram comer com pirão d'água.

— É mesmo? E a farinha? Vocês têm?

— Sim — falou bem baixinho, sem ter certeza se o pote da farinha ainda tinha alguma coisa.

— Tem farinha, menina? — o homem tornou a perguntar, dessa vez um pouco mais rude.

Ansiosa para não parecer infeliz, ela logo se recompôs.

— Temos, sim, senhor! — respondeu em alto e bom som.

Seu Zé entregou dois rolos da linguiça e já ia dizer mais alguma coisa, mas percebeu alguém chegando, e a menina aproveitou a hesitação do homem e saiu do estabelecimento o mais rápido e silenciosamente que pôde. Mas não antes o bastante para deixar de perceber o olhar relutante que se resignou ao vê-la saindo.

Ele era um dos tantos senhores que apareciam de vez em quando em sua casa — depois que o pai se fora — oferecendo ajuda para eles. Era o que sempre diziam, quando chegavam, para as crianças. E seu Zé era também o mais insistente.

Os demais, ao longo dos meses, foram desistindo, pois nem a mãe, nem as crianças pareciam muito afáveis ou receptíveis àquelas visitas fora de hora.

Os meninos, normalmente, eram calmos e risonhos. Entretanto, logo choramingavam ao ver um rosto estranho. Isso espantou muitos dos visitantes e com o tempo os quatro se acostumaram a viver sozinhos.

Embora os dias em meados de maio fossem agradáveis na região costeira, a chegada do vento sul baixava muito a temperatura. O mar, normalmente calmo e azul, transformava-se em ondas revoltas de cor acinzentada e a chuva fina contribuía para que os poucos habitantes se recolhessem mais cedo às suas casas.

Esses dias de preocupação com o vento frio e a escassez da comida só faziam aumentar a saudade que a mulher sentia do homem que cuidara tão bem dela e dos filhos. Balançou a cabeça para espantar a solidão, buscou na despensa algo para preparar uma sopinha, pois além de nutrir ainda aqueceria os pequenos. Não queria de jeito nenhum ver as crianças doentes. Encontrou uns legumes, que foram descascados e colocados com água em uma panela de barro para serem cozidos no fogão à lenha. Junto aos legumes ela adicionou um mísero pedaço de carne seca, pois sabia que mesmo em pouca quantidade ela sempre deixava a comida mais apetitosa. A noite estava tranquila, a cozinha estava aquecida com o calor do fogão à lenha e as crianças brincavam entretidas com os dois gatinhos que a gata malhada havia "criado".

— Parece que estão batendo na porta! — a mulher disse, ao mesmo tempo em que olhava ressabiada na direção da varanda.

As crianças continuaram a brincadeira com os gatinhos, e rindo das *misuras* que os animaizinhos faziam.

Ouviram batidas mais fortes.

— Quem será? — perguntaram em uníssono as crianças.

— Você pode ver quem é para mim, filha?

— Claro, mãe. — Amélia saiu da cozinha rapidamente para atender ao pedido da mãe. Ao abrir a porta, que era virada para a praia, uma rajada de vento frio entrou na pequena habitação deixando o lugar ainda mais frio. Seu Zé estava parado, chapéu entre as mãos.

— Olá! — disse, olhando com curiosidade mal disfarçada para dentro de casa. — A mãe está em casa? — Como Amélia demorou para responder, ele logo tratou de explicar: — O tio veio saber se estão precisando de alguma coisa...

Era difícil descrever o que sentiu ao ver o visitante, pensou Amélia. O que aquele homem fazia com um tempo daqueles na porta da sua casa?

A mãe apareceu na varanda, semblante fechado, parecia receosa e sem nenhum entusiasmo.

— Boa noite, seu Zé! Aconteceu alguma coisa? — perguntou, rapidamente, sem convidá-lo a entrar.

— Posso entrar um pouco? Preciso falar uma coisa importante com a senhora.

Um pouco alarmada, sem saber se devia acreditar nele, a mulher hesitou. Como se percebesse o desconforto dela, o homem logo tratou de acalmá-la.

— Vim trazer uma lista de mercadorias. — E acrescentou dizendo para as crianças: — Podem pedir o que quiserem, até doces, que seu Zé providencia.

A menção da palavra doces surtiu o efeito desejado, pois os meninos, que estavam com o rosto oculto nas pernas da mãe, conseguiram olhar para seu Zé sem temê-lo. Algo que o deixou profundamente satisfeito.

— Não estamos precisando de nada, não, seu Zé — a mulher disse com convicção.

— Olha, não quero ser insistente, mas sei que as crianças devem estar precisando de algumas coisas. Só quero te mostrar a lista e, se caso desejar alguma coisa, faço um preço especial.

— O senhor sabe que não tenho condições para comprar.

— Oh, sim! Garanto-lhe que sei disso, por isso estou aqui. Vim para ajudá-la. Posso entrar? — E acrescentou logo em seguida: — Aqui fora está muito frio.

Sem querer ofendê-lo com sua insistente recusa, a mulher por fim cedeu.

— Pode entrar — falou. Em seguida instruiu a garota a colocar um pouco mais de água na sopa e a trazer o bule de café que ela acabara de fazer. A tarefa pedida deixou a menina aliviada, pois sempre se sentia intimidada diante daquele senhor.

O homem logo se instalou na poltrona. Insistiu para que a mulher olhasse a lista, em seguida iniciou uma conversa amena sobre o tempo, logo depois passou a discursar sobre como as coisas tinham encarecido. Por fim, parecendo muito satisfeito falou:

— Como a senhora está sem marido, pode contar comigo para tudo que precisar! — disse isso de modo tão descarado que a mulher pensou se não havia entendido errado. Fingindo uma calma que estava longe de sentir, ela ficou ouvindo alguns galanteios:

— Você não merece passar por dificuldades, és tão jovem, tão trabalhadeira, tão... tão... — Parecia não saber como se expressar, mas acabou por dizer: — Tão sozinha. — O homem era cauteloso em sua fala, não falava nada tão importante, nada comprometedor.

Com um tom de voz que sugeria confidenciar algo importante, inclinou-se na cadeira em direção à mulher: — Você deveria arrumar um homem para cuidar de você, minha filha!

— Sinto muito ouvi-lo dizer isso, mas lhe asseguro que, com exceção da saudade que sinto do meu amado esposo, eu e meus filhos estamos muito bem!

— Ah! Não quis ofendê-la! — disse o homem, balançando a cabeça enquanto saboreava, vagarosamente, o café que lhe havia sido oferecido.

Por alguns momentos, ficaram em silêncio, esperando que ele fosse embora. Ele ficou balbuciando algo para si, logo retomando o assunto.

— Fico muito triste quando penso que estão precisando de algo.

— Mas por que o senhor ficaria triste? Já lhe disse que temos tudo o que precisamos. Sei que muitas pessoas pensam assim, mas estão completamente erradas!

— Minha querida! Não precisa ficar aborrecida, só quero ajudá-la.

Seria impossível descrever o que a mulher sentia ao escutar as palavras que seu Zé dizia, sentia uma repulsa violenta. Estava tão abatida que ficou em silêncio sem saber o que dizer. Tomando seu silêncio como assentimento ao que dizia, o homem olhou ao redor para ter certeza de as crianças não estarem observando, agarrou as mãos da mulher com um entusiasmo dizendo:

— Posso dar tudo o que você e as crianças precisam!

— Não! — exclamou a mulher puxando suas mãos com violência.

— Prefiro morrer e enterrar meus filhos a me submeter a uma humilhação dessas!

— Olha, não sei por que estás tão ofendida, alguém na sua posição deveria ficar agradecida pelo meu interesse em ajudá-la!

— Por quem o senhor me toma?! — Ela estava tão transtornada que as crianças vieram saber o que estava acontecendo, pois ouviram da cozinha a voz de choro da mãe.

— Seu Zé já está de saída — disse isso segurando a porta, à guisa de explicação para os pequenos, que olhavam de um para o outro sem saber o que estava acontecendo.

— Já estou indo — disse ele com um tom de voz bastante contrariado.

Ele estava zangado demais, orgulhoso e ferido, foi embora sem uma palavra de despedida.

Ela fechou a porta com força, em seguida disse, completamente transtornada:

— Prometam-me que nunca, mas nunca mesmo, vocês deixarão qualquer "filho da puta" entrar em nossa casa para nos humilhar!

Os filhos ficaram tão surpresos e assustados com essa explosão da mulher, normalmente calma, e extremamente cuidadosa nas palavras, que ficaram paralisados, com medo até de respirar.

Depois disso, ela foi para o quarto, as crianças ouviram seu pranto por algum tempo, não sabiam o que fazer, ou o que dizer para consolá-la.

Naquela noite, a sopa ficou quase intacta, ninguém teve fome para saboreá-la. As brincadeiras costumeiras foram deixadas de lado. Sem queixas, os gêmeos seguiram a irmã até o quarto e logo se deitaram. As três crianças abraçaram-se para ficar quentinhas e também se consolaram mutuamente, até que dormiram.

Aquele inverno foi muito longo para eles. De uma forma que as crianças não saberiam explicar, depois daquela visita do comerciante, o que era difícil ficou ainda pior. As idas à venda tornaram-se mais raras e a comida cada dia mais escassa.

Mas, de uma maneira quase milagrosa, naquele ano o *Grupo* — escola onde a menina estudava — recebeu uma grande quantidade de mercadorias, por isso todo dia na escola Amélia comia a merenda que era servida com fartura.

A garota também passou a levar de vez em quando para casa: leite em pó, arroz, feijão, coisas que sobravam no estoque e eram divididas entre os funcionários. Mais tarde Amélia descobriu que ganhava o quinhão pertencente à sua professora.

Ao questioná-la sobre isso, a mulher apenas disse com muita calma:

— Você é uma boa menina!

— Mas é da senhora! — argumentou a garota, com certa ingenuidade, mas satisfeita porque levaria alimento para a mãe e os pequenos.

— Sem mais! — disse a mulher, com convicção, e rapidamente desviou o assunto para o desfile de 7 de Setembro, que logo aconteceria.

Capítulo dois

Crescimento

Ninguém que tivesse visto a mãe de Amélia quando criança imaginaria que ela nasceu para ser heroína. Sua desventura começou logo ao nascer. Sua mãe engravidou na adolescência e morreu ao dar à luz a criança. A família, se é que existia, nunca quisera saber da menina, que foi entregue a um orfanato na cidade de Santos.

Ela cresceu cercada de outras crianças que sofriam os mesmos infortúnios. A posição social inferior e a falta de amor parental as colocavam de igual para igual. Ou seja, sem direito algum e quase sem expectativas. O máximo que se permitiam sonhar era pertencer a alguma família. Tinham uma rotina dura, as atividades exigidas em excesso e com muito rigor as deixavam exaustas. Mesmo estando em grupos, sofriam do mesmo mal: solidão.

Algumas horas por dia eram reservadas para aprender o alfabeto e até geometria. Coisa que para algumas um pouco mais obtusas eram verdadeiros martírios, pois bastava uma palavra soletrada ou escrita errada para serem punidas com reguadas nas mãos.

23

Entretanto, o acaso às vezes contribui para equilibrar algumas situações. Nesse caso, a futura mãe de Amélia tinha uma habilidade extraordinária com números, o que fez com que as outras crianças fossem, convenientemente, esquecidas pelas professoras.

— Se não aprendem é porque não querem — falavam entre si com um balançar displicente de ombros entre uma aula e outra.

Dessa forma, durante algum tempo a paz reinou naquele lugar.

Alguns anos depois, com a garota já adolescente, a supervisora do orfanato arrumou um emprego para ela em um mercado próximo ao cais. Assim que foi chamada à sala da diretora, o coração da adolescente parecia querer saltar do peito. Foi andando apreensiva sem saber o que esperar.

— Sente-se! — falou com seriedade a mulher cuja presença intimidava a todos na casa. — Tenho uma notícia para lhe dar — disse olhando a garota e estudando sua reação. Fez uma pausa calculada, depois continuou: — Tenho acompanhado seu proceder e notado a influência positiva que exerces nas outras crianças. — Percebeu nitidamente a jovenzinha soltando o ar e voltando a respirar, regularmente.

A voz saiu um pouco trêmula quando justificou:

— Suponho que eu seja mais séria que as outras garotas — fez uma pausa, tentando encontrar as palavras certas. Completou simplesmente: — Não é sacrifício nenhum pra mim ajudá-las no que posso.

A mulher levantou os olhos dos papéis e observou a jovem garota, um pouco trêmula, sentada à sua frente; dava para sentir sua apreensão.

Passado alguns meses notara o quanto ela havia crescido, e mesmo sendo conveniente mantê-la ali, a regra da instituição não permitiria. Motivo pelo qual se intensificou sua insônia. Via muito de si mesma naquela garota, a garota prodígio, como era carinhosamente chamada. Não estava preparada para abrir mão dela para qualquer um.

Sua inteligência era algo verdadeiramente incomum, por isso retardou o quanto pôde sua saída da casa, rejeitando sempre qualquer proposta de emprego doméstico para ela. Porém, era inevitável ter que deixá-la seguir seu caminho e só aceitou entregá-la aos cuidados de seu estimado amigo e esposa e não antes de muitas recomendações.

***

A vida adulta havia começado oficialmente.

Toda mudança traz suas próprias provações. Para a jovem garota era difícil não ser cautelosa com os estranhos que apareciam no mercado. Sua postura séria era constantemente confundida com antipatia. Não importava o quanto trabalhasse, alguém sempre reclamava da sua conduta. Por sorte, os donos do estabelecimento já tinham confiança na garota e ademais aprovaram sua cautela. Não queriam uma pupila cheia de sorrisos entretendo alguns clientes mais atrevidos.

Quando abria a temporada da sardinha, muitos pescadores de Santa Catarina iam embarcar em Santos. Alguns desses eram marinheiros de primeira viagem. A responsabilidade de ajudar no sustento da família era o principal motivo que os levava para longe de casa em tão tenra idade. Foi assim que Afonso iniciou na profissão. Era um rapaz alto, um pouco magro, e muito tímido. Mas tinha presença.

Sua mãe, viúva e doente, só tinha ele para ajudá-la. Portanto, assim que pôde arrumou uma vaga no barco Corsário Negro e já no primeiro embarque aportou no cais de Santos.

O garoto era constantemente recrutado para as tarefas que ninguém queria fazer. Não ficava muito satisfeito, no entanto precisava do trabalho. Então, realizava cada uma delas sem reclamar.

— Aproveitando que estamos aqui, Catarina, tu podes ir no armazém comprar algumas coisas que estão faltando — disse o mestre da embarcação para o jovem.

Afonso saiu apressado rumo ao mercado mais próximo, pois o sol naquele dia estava de rachar. Levava consigo uma longa lista e já pensava no trabalho que teria na volta tendo que carregar toda a mercadoria.

Não muito depois, chegou no mercado e para sua surpresa encontrou uma jovem que o deixou completamente impressionado, logo se sentiu apaixonado. Naquele ano, toda vez que chegavam em Santos para descarregar a pescaria, sempre que precisavam de algo no mercado, o jovem catarinense logo se prontificou a buscar. Desconfiados, os tripulantes da embarcação trataram rapidamente de descobrir o motivo. Depois disso, o romance do garoto virou alvo de risos entre eles.

— De novo no armazém? — perguntavam logo que o moço se prontificou.

— Ei, Catarina, tá apaixonado, é? — continuava o interrogatório, de maneira jocosa, enquanto consertavam as redes de pesca, arrancando muitas risadas dos que ali estavam pelo cais.

O rapaz nem se dava ao trabalho de responder, tamanha sua ânsia em rever a garota que ocupava seus pensamentos.

No início foi difícil chamar a atenção dela, mas como ele sempre ia ao mercado quando chegava no porto, não teve mais como a jovem ignorá-lo.

Preocupado, o dono do armazém logo procurou saber informações a respeito do jovem. Sentia ser seu dever aconselhar a garota que agora estava sob sua proteção. Ele e a esposa, com os filhos já criados e longe, apegaram-se tanto à moça que nem sequer pensaram na possibilidade de viver sem ela.

O comerciante, com alguns contatos pelo cais, descobriu rapidamente que o rapaz era muito educado e trabalhador. Naquela noite, após o jantar, a garota cansada do trabalho retirou-se mais cedo para seu quarto, enquanto o casal permanecia na sala conversando.

— Descobriu sobre o rapaz? — a mulher perguntou baixinho. Não sem antes conferir se a garota havia de fato se retirado.

— Sim! — respondeu o esposo após uma longa tragada no cigarro.

— Mas? — a mulher perguntou, sabendo que aquela hesitação tinha algo mais.

— Então... — disse o homem dando outra tragada. A mulher aproximou-se um pouco mais, mesmo não gostando do cheiro do cigarro.

— Então o quê?! — perguntou, aflita.

— Não o acho um bom partido. — Tratou logo de explicar sua opinião: — Falaram que é um rapaz bom e que tem boas intenções... E também não é porque é pobre... — Respirou profundamente, deu a última tragada e continuou a explicação: — O problema que vejo é que o garoto é de outro estado.

— Podemos resolver isso — disse a mulher rapidamente. — Andei pensando que podíamos reformar aquela parte de trás do armazém e oferecer para morarem, caso decidam casar-se.

O marido olhou preocupado para ela. A vinda daquela garota trouxe a alegria de volta à sua casa, pois a mulher sentia muita falta dos filhos e netos, que não moravam por perto.

— Minha querida! — disse o senhor, levantando-se da poltrona onde estava sentado. Chegou perto da esposa, ergueu uma das mãos e fez um breve afago em seu cabelo, depois disse: — O garoto é filho único e pelo que me disseram a mãe está muito doente, precisando muito dele. Por isso, ele está indo embora.

Depois disso, logo que pôde, Afonso procurou a jovem para uma longa conversa.

Estava cheio de apreensão. Suas mãos estavam um pouco suadas e as sentia trêmulas. Ser adulto exigia muita responsabilidade, pensava enquanto caminhava ao encontro da moça.

Recebera no dia anterior a notícia de que a mãe piorou e precisava da presença dele em casa. Não estava em seus planos desembarcar assim, mas jamais deixaria de atender ao pedido da mãe. Estava tão desanimado que demorou mais que o habitual para chegar no local onde combinara de encontrar a namorada.

Era uma praça em frente ao armazém onde ela trabalhava. De longe a avistou. Ela estava sentada em um dos bancos perto de onde ficava o carrinho de pipoca. Ficou observando-a por um momento antes de aproximar-se. Ela era realmente linda, constatou embevecido. Quanto mais a conhecia, mais a admirava. Não tinha nenhuma dúvida, queria construir uma vida ao lado dela.

— Oi! Desculpa pela demora — Afonso disse, assim que se aproximou.

Sentou-se ao lado dela, que parecia à espera de uma explicação pelo atraso. Ele não estava preocupado com isso, não sabia mesmo era como informá-la da sua partida. Resolveu que o melhor seria falar de uma vez.

Depois do dito, emudeceram. Cada um ficou envolvido em seus próprios pensamentos.

— Você vai embora? — ela perguntou por fim. Lutava para manter a calma, pois sua intuição a alertava de que alguma coisa estava errada. — Assim no meio do mês? Estão indo de barco? — insistia, na tentativa de entender aquela súbita mudança.

— Não! Desembarquei! — Ela o olhou com espanto. — Preciso ir embora — ele disse, cabisbaixo. Normalmente eles iam embora para casa só depois da safra da sardinha, isso seria lá no mês de novembro.

A jovem olhou em seus olhos, perscrutando algum indício para entender aquela decisão repentina.

Afonso não conseguiu encará-la, tamanha a dor que via nos olhos dela.

— Conforme havíamos conversado, minha mãe está muito doente — ele disse, justificando-se. — Mandaram me chamar.

Ficaram envoltos num silêncio constrangedor.

— Então...

— Preciso...

Os dois falaram ao mesmo tempo. Calaram-se.

— Pode falar — disse ela.

Afonso pigarreou. Aquela conversa estava sendo mais difícil do que havia imaginado.

— Preciso voltar para casa! Ela só tem a mim — concluiu.

— Mas... — ela calou-se, compreendendo o que implicava aquela declaração. — Você não vai mais voltar — falou por fim.

Ele apenas balançou a cabeça, confirmando. Não confiava em sua voz naquele momento para dizer coisa alguma.

— Leva-me contigo! — ela pediu. Quando viu ele balançando a cabeça negativamente, continuou: — Te ajudo a cuidar dela!

— Você não tem ideia do quanto isso é difícil para mim — ele fez uma pausa, suspirando profundamente. — Não tenho condições para te dar uma vida confortável. — Ele estava irredutível.

— Não me deixe! — ela suplicou.

— Por Deus, não faça assim! — pediu ele desconsoladamente. — Esse é o meu maior desejo! — disse, de forma apaixonada. — Mas nem dinheiro tenho para te levar comigo! — declarou com os olhos rasos d'água.

— Tenho algumas economias, posso usar para comprar a passagem! — disse ela, esperançosa.

— Sinto muito! — Afonso disse com firmeza. — Mas prometo que voltarei para te buscar, assim que eu puder.

— Promete que não se esquecerá de mim?

Afonso segurou as mãos da moça, sentiu uma intensa vontade de ceder ao desejo de levá-la consigo, embora sabendo que naquele momento não poderia.

— Prometo! — disse solenemente.

Estava difícil manter-se firme.

Foi embora depois de uns instantes, deixando para trás parte de si mesmo.

Por um tempo a jovem ficou sentada no banco da praça, sem ânimo ou forças para sair dali. Ficou observando o namorado afastar-se, com esperança de que ele mudasse de ideia e voltasse para levá-la também. Mas ele foi embora sem olhar para trás uma única vez.

Era difícil manter a compostura quando a dor do abandono parecia querer tomar todo o seu ser. Nem no orfanato havia se sentido tão só, pois ela nunca sequer deixou que alguém chegasse tão próximo do seu coração. Tinha consciência de que admiravam sua esperteza e que gostavam dela, no entanto nunca fora prioridade para ninguém.

Sua relutância em se envolver com Afonso quando ele chegou era justificável. Tinha medo. Não queria ser refém da dor.

Nos primeiros dias logo após a partida, ela achou que sucumbiria. Pela primeira vez fazia suas tarefas de forma automática, o trabalho no armazém não mais a satisfazia. Conforme foram passando os meses a dor da saudade e a falta de notícias agravaram ainda mais sua apatia. Motivo de preocupação para o bondoso casal que a acolhera em sua casa como uma filha. Sendo assim, decidiram chamá-la para aconselhar:

— Estamos preocupados com você!

— Você precisa reagir, garota! — enfatizaram. — Ele não prometeu que voltaria? Então, trate de animar-se e comece a comer, porque ele não vai querer vê-la assim tão magra.

Ela olhou para o casal um pouco envergonhada.

— Vou me esforçar — disse, com determinação, pois não gostava de dar trabalho. — Acho que ele não vai voltar mais — ela disse ao casal, subitamente. Ao perceber o esforço que os dois faziam para não demonstrar que concordavam com o que ela havia dito, sentiu vontade de chorar. — Ele poderia ao menos ter escrito — concluiu.

Os três ficaram conjecturando o que poderia ter acontecido, mas decidiram que o melhor naquele momento seria pôr um ponto final naquela história triste.

Capítulo três

Reencontro

Afonso estava temeroso, alguns meses se passaram e já não tinha certeza se os sentimentos que nutria pela jovem no ano anterior ainda eram os mesmos.

Havia pensado em escrever, mas desistiu todas as vezes antes mesmo de iniciar. Não sabia o que dizer, sua mãe morreu logo que ele retornou para casa, mas a falta de recursos o impediu de cumprir a promessa que havia feito para a amada. Teve que esperar alguns meses até conseguir uma vaga em outra traineira e agora estava de volta a Santos. Estava na hora de ir ao armazém!

O coração falhou uma batida quando Afonso a avistou. Ela era ainda mais linda do que se lembrava. Ficou observando-a por um tempo antes que algumas pessoas no armazém o notassem.

A jovem percebeu que alguma coisa estava acontecendo. Alguns dos colegas a olhavam de forma estranha ao habitual. Pareciam estar vendo algo além dela. Voltou-se, lentamente, com receio de descobrir o que estava acontecendo ali.

Então, ela o viu, parado a poucos metros de onde ela estava, atento à sua reação. Nesse momento, pela primeira vez na vida, a jovem desmaiou.

A garota levou alguns minutos para recompor-se. Afonso estava agachado ao seu lado, tão pálido quanto ela. Os que ali estavam não tinham mais dúvidas da veracidade daquele amor. Foram saindo discretamente, pois sabiam que o casal tinha muito o que conversar.

— Você voltou!

— Sim! Prometi a você que voltaria, não prometi?

— Sim, mas achei...

— Sei o que você deve ter pensado, mas aqui estou.

Afonso explicou em detalhes tudo o que havia acontecido, logo em seguida falou:

— Casa comigo?

Ela demorou alguns segundos para assimilar a implicação do que ele havia dito, depois disso assentiu com um aceno de cabeça, pois não encontrou voz para confirmar. Afonso a abraçou com certo acanhamento, pois não queria tomar liberdades indevidas com ela, muito embora estivesse tão feliz que queria rodar com ela em seus braços.

Casaram-se em Santos mesmo, porque de outra forma a jovem não teria permissão para viajar, pois ainda não havia completado a maioridade. Depois disso foram morar no casebre que o jovem herdara na Fazenda da Armação, bem pertinho da praia.

Amélia nasceu um ano depois. Era a coisa mais linda que eles tinham.

— Ela é muito linda, parece com você — Afonso disse para a mulher, ainda extasiado com a presença daquele bebê.

— Ela é muito linda mesmo! — olhou para o marido e sorriu.

Pensava que nunca tinha se sentido tão feliz. Aquela criança teve o poder de levar embora a solidão dos tempos vividos no orfanato, e daquele triste período ela mal se lembrava.

Algum tempo depois, vieram os gêmeos. Afonso seguia trabalhando embarcado.

Às vezes ela ficava olhando para o mar através da sua janela. Os dias passavam lentamente enquanto ficava aguardando ansiosa pelo seu retorno.

Era difícil essa espera, mas sabia que não havia outro jeito. A profissão do seu amado era essa. Enquanto o aguardava, seguia cuidando da casa e das crianças, que exigiam sua total atenção. Olhando para onde elas dormiam, deu um breve sorriso, sua família estava crescendo, e ela nunca em sua vida havia compartilhado tanto amor assim.

Capítulo quatro

Anseios

Para seu Manuel de Sousa a vida era muito simples, o mundo era seu quintal de casa, se tivesse comida na mesa e uma boa noite de sono, tudo ia bem.

Era um homem de estatura mediana, meio atarracado, semblante fechado e, além disso, era de pouca linguagem. Nunca tivera muitos amigos, mesmo assim não se importava, gostava de estar só.

Quando mais novo ele trabalhava no mar, era pescador. Amava a profissão, apesar de seus perigos e intempéries. Todavia, ele herdara de seu pai uns hectares de terra nas proximidades de Santo Antônio de Lisboa, na ilha de Florianópolis. O terreno ganho ficava em uma colina de onde se podia avistar as terras do outro lado do mar, no continente. A terra era boa para pastagem do gado e também boa para o cultivo, ele então começou a cultivar.

Plantava de tudo um pouco. No início foi difícil entender o tempo certo do plantio do milho, do feijão, das verduras e da mandioca, mas aos poucos ele foi compreendendo. Aprendeu o quanto era difícil preparar o solo, plantar a muda, regar a terra, tirar as ervas daninhas. Entretanto, era gratificante ver o crescimento, observar as flores, colher os frutos. Então, assim como amava o mar, ele também passou a amar a terra.

O cultivo da mandioca acabou sendo a maior fonte de renda do agricultor.

A terra herdada tinha um engenho e ele começou a produzir uma das melhores farinhas da região. Após a colheita, a mandioca era levada até o engenho, no carro de boi.

Sua esposa, Hilda, participava ativamente de todo o processo que começava no raspador onde duas pessoas tiravam a casca da mandioca. Depois a raiz era levada para a prensa com água e ficava ali por um período de duas horas, aproximadamente. Depois desse tempo iam para o forno.

Isso tudo acontecia com muito movimento e trabalho, mas também com muitas conversas e risadas.

As fornadas às vezes varavam a noite, o que alegrava boa parte da vizinhança, pois todos que ajudavam saíam abastecidos com biju, cuscuz e farinha.

Eles produziam uma das melhores farinhas e vendiam no Mercado Público de Florianópolis, lugar onde eram comercializados os peixes da região. Ora, se tinha uma coisa que os amantes de peixes gostavam, pensava Manuel, era uma boa farinha, principal ingrediente do bom e velho pirão.

Teve um ano que a produção foi muito farta, superando todas as expectativas. Preocupado com a entrega, quando o dia mal raiava Manoel já começava:

— Querida, o sol já está a pino! Ande logo! — Sem entender muito bem como alguém conseguia dormir depois que o sol raiava, para ele o dia já iniciava assim que clareava.

Entretanto, sua esposa sempre gostava de dormir um pouco mais e detestava quando ele a acordava.

— Que exagero, homem! O dia mal amanheceu. Credo!

Não era a melhor forma de iniciar o dia, Hilda sabia, mas antes do café da manhã seu humor não era dos melhores.

Os dois abasteciam a carroça e iam rumo ao seu destino. Às vezes, quando dava tempo, na volta, passavam na casa da Maria, irmã de Hilda, que morava na Agronômica.

— Entrem, entrem, compadre, comadre. Vamos tomar um café.

— Não se preocupa com a gente, comadre. — Entretanto sentaram-se à mesa e aproveitaram a refeição farta.

Houve um tempo em que seu Manuel não se importava de passar na casa da comadre Maria, até gostava. Mas, ultimamente, preferia quando isso não acontecia, já que sua Hilda vinha muito triste e calada. A viagem parecia não chegar ao fim nunca, por vezes acabavam chegando em casa ao anoitecer.

Hilda era uma mulher simples, nunca fora bonita, mas tinha um humor que encantava Manuel, os dois viviam bem, na visão do homem. Porém, depois de um tempo casados, Hilda sonhava ser mãe. Seu desejo ficava ainda mais acentuado quando passavam na casa da sua irmã, ela e o marido casaram-se depois e já tinham quatro filhos.

— Querida, tudo bem? — perguntou Manuel, voltando um dia dessa visita.

— Tá. — Foi a curta resposta de Hilda.

— Você quer conduzir a carroça? — Ela olhou para ele sem interesse visível. O marido sabia que Hilda adorava conduzir o veículo, coisa que nem ele, nem o cavalo apreciavam, pois a mulher conduzia a carroça de forma alucinada, divertindo-se a valer com os solavancos que davam nas ruas esburacadas. Entretanto, ele detestava vê-la tão taciturna.

— Quer? — insistiu ele.

— Não.

— Você está com dor de cabeça?

— Não, mas vou ficar se você ficar falando assim o tempo todo.

— Tá bom! Tá bom! — resmungou Manuel, concentrando-se na estrada por um tempo. Logo voltou a falar: — Você está assim por causa das crianças? — Ela o olhou de esguelha, não se dando ao trabalho de responder. Detestava quando o marido abordava esse assunto, pois sabia que nem ele entendia a sua dor.

— Sabe, Hilda, eu nunca me importei por não termos filhos.

— Ah! Manuel! — falou Hilda num tom indignado.

— Tô falando sério, mulher! — respondeu Manuel também sem paciência. — Até parece que tenho culpa!

— Ah! Agora a culpa é minha! — falou Hilda com a voz embargada e os olhos marejados de lágrimas. Sabia que estava sendo injusta com o marido, mas a frustração que sentia no momento não a deixava agir com racionalidade.

— Não foi isso que quis dizer... — justificou-se Manuel, ainda tentando conversar.

Hilda nem quis responder, depois disso o retorno para casa foi silencioso e triste. Era difícil e doloroso para ela pensar que meses e anos se passavam e ela não conseguia conceber. Cada mês que as regras vinham era muito doloroso. Apesar de amar a irmã e os sobrinhos, cada vez que via a felicidade na casa dos parentes sentia uma certa tristeza. Tinha medo de ser inveja e por isso sempre pedia a Deus para perdoá-la se assim o fosse.

Domingo era dia de missa, porém nem sempre o casal gostava de estar presente. Mas às vezes eles aproveitavam para rever os amigos da vila e saber das novidades. Principalmente quando era festa do padroeiro do bairro. Depois da missa, tinha o almoço no salão, que emendava com a tarde dançante regada a comidas, bebidas e muita conversa. Foi num desses domingos que a vida do casal tomou outro rumo.

O padre leu uma parte do livro sagrado, a Bíblia, que contava a história de Abraão e Sara.

— Esse casal — falou o clérigo com uma pausa calculada — eram pessoas prósperas e abençoadas e com muita fé.

— Tinham muitas coisas: terras, gados, ovelhas e muita gente que os servia. No entanto, Sara era estéril.

Hilda, que não era de prestar muita atenção aos sermões, dessa feita mantinha-se atenta e nesse ponto da pregação estava com os olhos lacrimejando.

O padre continuava, empolgado:

— O casal já tinha perdido as esperanças de ter um filho. Imaginem a dor dessa mulher!

Hilda balançava a cabeça, afirmando e chorando copiosamente. Seu Manoel olhou de esguelha para a companheira, um pouco envergonhado, pois começou a perceber alguns olhares em suas direções.

O padre falava mesmo com muito entusiasmo, coisa que há muito tempo não acontecia.

— Até que um dia um anjo apareceu e anunciou que Sara iria conceber.

Nesse momento, Hilda apertou bem forte a mão do marido, com os olhos arregalados, respiração suspensa, quase dava para saber o que passava em sua cabeça. O homem continuou com o sermão:

— A mulher, Sara, não acreditou e riu. Por quê? — perguntou sem esperar que respondessem. — Porque sua idade já era avançada. Entretanto — o religioso fez nova pausa (um pouco mais longa dessa vez) —, no tempo determinado por Deus, ela concebeu! Então Sara deu à luz um menino e chamou-o de Isaque.

O resto do sermão Hilda nunca mais se lembrou, ficou com a ideia fixa de que teria um filho assim como a personagem do sermão.

Manuel era mais cético, mas não queria aborrecer a esposa de jeito nenhum. Depois daquele dia na carroça, fazia de tudo para agradá-la.

Para a alegria de ambos, após um ano exato do sermão, eles foram agraciados com um lindo menino. Ele foi batizado com o nome de Isaque, como era de se esperar.

Cheio de alegria, seu pai registrou-o como Isaque Manuel de Sousa.

Capítulo cinco

Infância

Na infância... Bastava sol lá fora e o resto se resolvia.
(Fabrício Carpinejar)

O verão era a melhor época para Amélia, pois mesmo que tivessem muito serviço o dia escurecia bem tarde. Sua mãe não se importava que ela e os gêmeos ficassem na rua com as outras crianças, na vizinhança a molecada aproveitava esse tempo extra para brincar.

— Vamos brincar de taco hoje? — perguntavam às vezes os amigos da vizinhança.

Tenho que pedir para a mãe, mas acho que ela vai deixar. — Amélia instruiu os gêmeos: — Temos que fazer tudo que a mãe pedir.

— Ta bom, mana — responderam os meninos com aquele olhar de cumplicidade com que aprenderam a comunicar-se desde cedo.

— Ah! E tem que comer tudo sem reclamar. Senão, vocês sabem que ela não vai deixar a gente ir brincar.

— Pode deixar, mana. Vamos fazer tudo direitinho — as crianças responderam, apressadamente.

Faziam tudo o que a mãe pedia e quando terminavam as tarefas corriam para o pastinho (lugarzinho com uma grama verdejante) onde a maioria da meninada já estava esperando para começar a brincadeira.

Esse era o momento do dia de que Amélia mais gostava, ela se sentia tão especial, porque todos queriam ela na equipe. Ela corria muito e tinha uma boa mira.

Os meninos também curtiam as brincadeiras com as crianças menores, ora brincavam de pega-pega, ora brincavam de bolinha de vidro. Às vezes até acontecia brincarem de funda, mas — como eram muito sapecas — Amélia quase não deixava. Certo dia, os dois miraram na janela da escola e acabaram quebrando o vidro, coisa que aborreceu muitíssimo sua mãe, visto que recebeu uma reprimenda da diretora e ainda teve que pagar as despesas com o conserto.

A vida na vila da Armação seguia seu curso num ritmo lento. A mãe de Amélia aos poucos ia se recompondo depois daquela noite fatídica. Ainda era doloroso pensar no seu querido pescador, passara algumas noites insones desde que ele se fora. Mas os cuidados com os filhos eram sua prioridade, por isso ela se erguia todas as manhãs e trabalhava muito para dar conta do sustento da casa.

Sabia que seus filhos eram seu ponto fraco, ao mesmo tempo que a transformaram em uma guerreira. Como foi difícil se erguer e dar continuidade à sua vida, quando sentiu que a perdeu quando seu marido se fora. A dor era tão pungente que seu peso caiu assustadoramente, mas aos poucos ela foi se recompondo e se transformou numa mulher muito mais forte.

— Meninos, brinquem com cuidado! Amélia, fique de olho neles e não voltem muito tarde — recomendou ela, mal dando tempo de sair da frente deles, pois já saíam em disparada.

Eles estavam crescendo tão rápido! Pensava ela, enquanto aproveitava esse tempo sozinha para fazer umas contas. Precisava colocar em ordem o que havia entrado de peixe.

Desde o acidente a mãe de Amélia aprendeu que tinha que economizar. Certo dia conversando com seu Arnaldo ele lhe falou:

— Minha filha, o segredo não está no quanto ganhamos, mas sim no quanto gastamos.

Seu Arnaldo era um vizinho muito querido, ele com sua esposa, a dona Valmira, ajudavam a matar a fome de muita gente. De tempos em tempos matavam um porco, ou algumas galinhas e patos. Nesses dias a molecada toda da vizinhança ia para lá comer, pois além da comida farta ainda saboreavam as melancias, jabuticabas ou poncãs que seu Arnaldo cultivava. Foram eles com seus conselhos que a ajudaram a pôr em prática o negócio que salvou suas finanças.

Depois dos conselhos do sábio vizinho, a viúva chamou o dono da peixaria para uma conversa.

— Olha, seu José, precisamos conversar sobre o pagamento dos peixes.

O homem olhou surpreendido para ela, respondendo apressadamente:

— Se pensas que vou aumentar o valor, pode tirar o cavalo da chuva, já te faço um favor trazendo para você limpar!

A mulher sabia que o homem era extremamente difícil, sabia, antecipadamente, que ele só cederia se fosse convencido de que estava fazendo um ótimo negócio.

— Não é nada disso! — falou ela, mansamente, fingindo uma submissão que estava bem longe de sentir. — Queria saber se o senhor poderia pagar uma parte em dinheiro e outra com uma porção dos peixes escalados.

— Ah, bom! Se é isso, então pode ser.

A muito custo ela conteve seu entusiasmo, pois se assim não o fizesse, sabia que ele não concordaria com o negócio firmado.

— Mulher tola! — pensava seu José depois da conversa — Melhor pra mim!

Dessa forma a mãe de Amélia passou a conseguir uma boa quantia em peixes e uma vez por mês saía de carroça, Amélia e os gêmeos juntos, para que ninguém manchasse sua reputação de mulher séria; iam para o Jordão, Três Riachos e Sorocaba vender os peixes secos.

O começo foi muito difícil, mas aos poucos ela foi conquistando a confiança e o respeito das pessoas. Agora ela não precisava mais escutar coisas do tipo:

— Querida, você tem que arrumar um homem para sustentar a ti e as crianças. — Ou: — Você precisa esquecer o falecido, para seu próprio bem, uma mulher nova como você não pode continuar sozinha...

Sugestões e propostas não faltavam, mas ela recusava uma após outra, até que cansaram e a deixaram em paz. Ninguém entendia que seu coração ainda estava preso ao homem que ela amara com tanta intensidade. E ainda: ela queria provar para si mesma que era capaz de sobreviver e criar seus filhos sem ter que apelar para um relacionamento por conveniência.

— Mãe! Mãe! A Amélia não quer deixar a gente brincar mais um pouquinho — falaram os dois ao mesmo tempo com voz de choro.

— Fui eu quem pediu a ela para que voltassem cedo.

— Mas, mãe!

— Sem mas! Já é quase noite e vocês ainda precisam tomar banho. Logo mais conto uma história para vocês.

— Eu quero a do Pedro que faz arte.

— É Pedro Malazarte — a mãe falou, rindo.

— E eu quero a Princesa da Pedra Fina! — falou Amélia, que estava chegando.

— Eu também quero escolher — disse o outro gêmeo —, mas não consigo me lembrar de nenhuma...

— Tá bom, depois da janta eu conto três histórias.

Naquela noite as crianças dormiram aconchegadas no colo de Amélia e da sua mãe. As duas entreolharam-se, com cumplicidade, compartilhavam um grande amor pelos meninos. Amélia era tão amável, pensava a mãe, sua ajuda fazia toda a diferença. Ela sabia o quanto a menina se esforçava para ajudá-la e o quanto a sua vida mudara com a tragédia que envolveu seu pai.

— Mãe? — falou Amélia baixinho, para não acordar os meninos.

— Ãhn?

— Você pode me mostrar os desenhos?

— Claro, filha.

— Vamos colocar os meninos na cama, e aí pego para você.

A mãe trouxe um baú e as duas sentaram-se bem juntinhas para apreciarem os desenhos que o pai fizera.

— Que lugar é esse?

— Deixa eu ver... — sua mãe disse, inclinando-se em sua direção e pegando o papel um pouco amarelado pelo tempo. — Não sei! — falou olhando atentamente a imagem. — Ele às vezes fazia uns desenhos dos lugares que via, outros ele sonhava em termos — explicou, simplesmente.

— É muito lindo — a criança falou com admiração.

— É mesmo.

As duas ficaram olhando a paisagem retratada no quadro, uma casinha linda no alto de uma colina, com uma varanda de onde se podia avistar o mar. Ao fundo, umas crianças brincavam em um balanço e um cachorro vira-lata a lhes observar.

— Eu quero que você veja isto — a mulher disse após devolver o desenho ao baú onde estava guardado, pegando um outro.

Nesse, tinha uma linda garotinha com cabelos encaracolados, bochechas rosadas, deitada no colo de uma mulher. Amélia olhava embevecida para o desenho.

— É a gente?

— É, sim! Ele nos pintou quando você tinha uns dois anos.

— É muito legal, parece tão real... Eu... — A menina até tentou falar, mas a voz não saiu. A mãe abraçou a criança, fortemente. Ficaram uns instantes assim até que a menina se recompôs para falar.

— O pai pintava muito bem, né, mãe?

— Pintava mesmo — a mãe respondeu, com olhar ausente, lembrando com nitidez dos dias em que ficava acordada até mais tarde, observando e admirando o talento e a paciência com a qual seu marido retratava paisagens diversas em seus quadros.

Certo dia, ele chegou do barco com um quadro pequeno, embrulhado em um papel de presente:

— Trouxe uma coisa pra ti — disse ele, enquanto segurava alguma coisa escondida atrás das costas.

Ela ficou procurando indícios do que seria. Em seguida perguntou curiosa:

— O que é?

Ele até tentou manter um pouco mais de suspense, mas não conseguiu, tamanha a ansiedade da esposa.

— Espero que goste... — disse, enquanto entregava o presente a ela. Ficou observando-a abrir o pacote. Havia nele um olhar de expectativa.

— Meu Deus! — Ela o olhou, surpresa. — Essa sou eu? — perguntou timidamente.

Aquela imagem refletia uma mulher com cabelos castanhos, esvoaçantes, um sorriso cativante e um olhar sedutor. Ela ficou ali parada, sem saber o que dizer para ele, estava lisonjeada e embaraçada.

— Não sou bonita assim! — disse um pouco comovida. — Meus cabelos estão desgrenhados... — levou a mão até eles.

Ele foi se aproximando e a abraçou forte. Algo em seu olhar confirmou que era assim que ele a via. Ela balançou a cabeça, como se assim fosse possível espantar as lembranças...

— Filha, você gosta dessa renda? — Amélia olhou para o bastidor que sua mãe pegou após guardar os retratos no baú. Sua mãe estava fazendo uma renda de crivo. Para a menina parecia igual às outras tantas que às vezes sua mãe fazia, mas ficou atenta ao olhar da mãe, parecia que ela queria contar uma novidade.

— Estou fazendo esse barrado para sua roupa nova. Espero que goste!

— Gosto, sim! — Amélia não cabia em si de contentamento. — Quando ficará pronta?

A mãe deu um sorriso.

— Talvez demore um pouco.

— Muito?

— Vou tentar deixar pronta logo.

— Oba! — falou, saltitando de felicidade. Sabia que, com o capricho que a mãe tinha, faria uma linda roupa, que ela, certamente, usaria no Natal.

Ainda ficaram acordadas mais um pouco. Amélia estava lendo um livro empolgante — *Os desastres de Sofia* — enquanto a mãe fazia o crivo. Depois de um tempo a mulher esquentou um leite para tomarem antes de dormir.

Cansada, Amélia suspirou profundamente, então se aconchegou perto da mãe, seus olhos estavam pesados e ela logo adormeceu.

Capítulo seis

Partida

Não poderia existir um jovem mais feliz que Isaque Manuel de Sousa. Ao chegar no estrangeiro fez vários amigos e logo se tornou popular na faculdade onde estudava.

Vivia o sonho dos pais, cujo desejo era formar um filho doutor. Conseguiu, através dos contatos que o tio tinha com alguns políticos de Florianópolis, uma bolsa para estudar medicina na França.

Esse tio ficara muito relutante em comprometer seu bom nome, entretanto a esposa pediu-lhe tanto que ajudasse o sobrinho, que ele acabou cedendo.

Depois de tudo pronto, deslumbrado, Isaque partiu assim que pôde para a cidade das luzes com a promessa de escrever, constantemente, dando notícias.

O dia do embarque no aeroporto Hercílio Luz foi de uma comoção de partir o coração! Maria e o esposo foram junto com os compadres, pois sabiam que Hilda não queria o filho tão longe. O garoto acabou convencendo-os dos benefícios de uma formação acadêmica fora. Partiu com a promessa de que, sempre que possível, retornaria. Mas foi embora sem demonstrar qualquer relutância em deixar para trás o pai e a mãe, que viviam afirmando que morreriam de saudades!

O tempo é algo difícil de ser compreendido. Enquanto para uns passa rapidamente, para outros é lento demais. O mesmo pode ser sentido de forma diferente também.

Para os parentes do garoto, o tempo de espera mostrou-se longo e doloroso demais.

Após um tempo sem notícias do sobrinho, Maria indagou sua irmã sobre ele.

— Estamos esperando ele chegar para o Natal — afirmou Hilda para a irmã. — Todas as suas cartas falam sobre seu retorno — disse Hilda, tentando esconder a todo custo sua aflição. — Mas ele vive muito atarefado com os estudos e já não é dono do seu próprio tempo.

Maria concordou com a irmã, sem querer aborrecê-la. Entretanto, não concordava com as desculpas que a mulher dava sobre a longa ausência do seu único filho.

Porém uma coisa mais urgente a preocupava, a irmã não estava muito bem de saúde. Mais tarde, comentou com o esposo sobre a conversa que tivera com a irmã.

— Eu não acredito que ele venha. Não consigo ser tão otimista como a Hilda.

— Você deve saber, minha querida, que Isaque deve estar bem — o marido disse isso na esperança de tranquilizá-la.

— O que eu penso é que ele andava doido para escapar da vida simples que vivia com os pais. Mas, pelo que tenho observado, o compadre — continuou dizendo — já anda *cabreiro* com essas desculpas que o garoto dá.

— Ele deveria vir — disse a tia. — Poderia ficar apenas alguns dias, mas deveria vir.

— Oh! Minha querida — seu marido disse de forma afetuosa —, aqui o trabalho no sítio é muito duro — continuou falando para a esposa —, não tenho dúvida que se acostumou a viver de uma renda já pronta sem a preocupação de trabalhar para consegui-la.

— Sou obrigada a concordar com você — comentou Maria, cautelosa.

Logo depois Maria ainda pensava na conversa com o esposo.

Não queria pensar o pior, porque sabia que sua irmã andava com a saúde frágil e que ultimamente vivia somente pelo regresso do seu amado filho. Como tia, amava o garoto, mas ver a angústia da sua irmã era algo que lhe trazia uma imensa tristeza. Achava muito injusto um filho tão esperado e tão amado abandonar seus genitores sem nenhum remorso. Embora quisesse pensar diferente, via-se encurralada entre o amor que nutria pelo sobrinho e a aflição de contemplar o sofrimento dos compadres. Dessa forma, nem sempre sabia o que pensar.

***

O curso era muito difícil, e o rapaz andava um pouco desanimado. Lembrou-se da mãe e do pai e sentiu saudades!

— Isaque, você vem ou não? — Alguns dos seus amigos chamaram.

— Esperem um pouco — pediu ele enquanto despachava uma carta, destinada aos pais.

— Rápido então, amigo, já estamos atrasados! — disse rindo seu colega francês.

Isaque pensou no pai e na mãe que esperavam há muito seu retorno, não era sua intenção desapontá-los. Mas a vida em Paris era muito excitante, a cidade fervia noite e dia e há muito ele se perdera na companhia de belas garotas e amigos que varavam a noite nas diversas boates espalhadas pela cidade. Para ele, regressar para o Brasil estava fora dos planos. Sua vida na cidade das luzes era muito mais atraente do que a ideia do retorno a um simples vilarejo de pescadores, mesmo sabendo da situação dos pais que suspiravam com a expectativa de seu retorno.

Embora sentisse um pouco de remorso e saudade, a vida que agora desfrutava há tempos se distanciara daquela desejada outrora por ele ou pela sua família.

— Vamos embora aproveitar a festa, galera! — Isaque disse pulando rapidamente no carro que partiu em disparada pelas ruas da cidade de Paris.

Passaram-se alguns meses após a conversa entre as irmãs e a vida no campo cobrava seu preço. Com certa idade, seu Manuel percebia que a saúde já não era mais a mesma, e a saudade que sentia do filho só fazia aumentar suas dores. Para dar conta de tudo, o casal tinha que acordar muito cedo.

Hilda já não tinha o mesmo vigor de antes, por isso seu Manuel já não contava mais com ela para ajudá-lo. Suas idas ao Mercado Público tornavam-se cada vez mais escassas e as visitas na casa da cunhada na Agronômica findaram-se de vez.

Olhava com tristeza para o sítio. Em nada se assemelhava ao esplendor dos anos anteriores.

Hilda percebeu que o marido a olhava de relance e ficou tentando imaginar o que ele estava pensando.

— Desembucha, Manuel! — disse, instigando o marido a falar. Um tanto quanto rispidamente. Andava sentindo-se tão estranha, estava cansada, tinha procurado por horas o filho.

— Onde está o menino? — perguntou em seguida com impaciência. — Fiz um mingau de maisena para ele, vai esfriar e eu não o acho.

— Isaque! Isaque! — começou a gritar energicamente e em seguida desatou a chorar.

— Minha, querida! — exclamou seu Manuel levantando-se de onde estava e abraçando a esposa. — Não chore! — suspirou lentamente. — Ele deu uma saidinha, mas logo, logo ele chega!

Aquele homem simples buscava consolar a sua amada melhor do que poderia consolar a si mesmo. Depois de alguns minutos em silêncio, ele então falou baixinho.

— Acho que estamos precisando de ajuda!

A mulher nada respondeu, perdida num mundo inalcançável, só seu. Ele então a encaminhou com carinho até o quarto, aconselhando-a a descansar um pouco.

Depois disso, chamou o casal que os ajudava para ficarem de olho nela, enquanto ele iria até a casa dos compadres na Agronômica.

Não era sua intenção incomodar os parentes, todavia não tinha mais escolha! Cedinho, estava na porta da cunhada.

— Comadre Maria! — disse ofegante. — Ando preocupado demais com a Hilda, ela vive chorando e se lamentando de saudades do nosso menino. — Balançando a cabeça significativamente, acrescentou: — Preciso fazer alguma coisa!

— Certamente! — disse a cunhada com gentileza. Pensativamente acrescentou: — Devemos fazer algo, não resta dúvida. Vamos levá-la ao médico. Conheço um ótimo que poderá atendê-la. — Maria pediu para o cunhado esperar enquanto ia no quarto pegar um envelope.

Ao voltar, entregou nas mãos de um homem pálido, falando de maneira persuasiva e gentil.

— Isso vai ajudá-lo a resolver as despesas com minha irmã, e, em relação a nós, meu querido cunhado, não precisa ter vergonha de aceitar nossa ajuda.

Seu Manuel se orgulhava de ser um homem duro, mas diante das dificuldades que enfrentava e diante dessa gentileza inesperada, quase sucumbiu ao choro. Por pouco não perdeu a compostura.

O médico não pôde ajudar muito! Hilda estava sofrendo de melancolia e início de demência. O médico recomendou não a deixar chateada. A partir desse dia o marido fazia o que podia para ajudá-la.

— Minha irmã está muito doente, pobrezinha! — Maria choramingou para o marido logo após o retorno da consulta. — Acho que o compadre não comentou nada para que não ficássemos alarmados. Sempre foi assim: muito retraído! Como ela não está nada bem, acho melhor trazê-la para cá. Ninguém cuidará melhor de minha irmã do que eu.

— Não tenho dúvida de que essa é a melhor decisão.

A partir desse dia, a cunhada de Manuel passou a dividir a responsabilidade do cuidado da irmã com o cunhado.

Aquele arranjo mostrou-se benéfico para todo mundo. O convívio constante com a irmã trouxe serenidade para a mente angustiada de Hilda, enquanto Maria aprendeu a não permitir que os problemas ocupassem sua mente.

Enquanto a esposa estava em repouso, seu Manuel aproveitou para colocar alguma ordem no sítio com a ajuda mais que bem-vinda do Zé, um vizinho que contrataram para auxiliá-los.

Passaram-se alguns meses desde que Hilda iniciou o tratamento. Nesse meio-tempo, o marido de Maria recebeu um convite para trabalhar na recém-inaugurada Brasília — a cidade planejada.

Tentava conter o entusiasmo, pois sabia que a esposa teria dificuldade em deixar a vida que conhecia e gostava, para recomeçar em outro lugar. Entretanto, o convite para fazer parte da equipe que cuidaria de toda a logística do transporte da capital era irrecusável.

Por isso, chamou a esposa para uma longa conversa na manhã do dia seguinte. Com sensatez e amabilidade, depois de expor toda a situação, ele considerou que não seria egoísmo agarrarem a oportunidade que ele sempre estivera esperando para alavancar sua carreira.

Maria ficou apreensiva, pois sabia que teria que acompanhar seu marido. Sua preocupação não eram os filhos, pensava, pois estes estavam bem encaminhados. Uns estudando, outros casados. Sua angústia era ter que deixar sua irmã para trás.

Depois de falar um pouco mais sobre o trabalho que o ocuparia e notando a angústia que a esposa tentava esconder ele disse:

— O dia está lindo! Poderíamos aproveitar para dar uma caminhada.

Por mais aflita que estivesse, Maria viu-se concordando. Então, saíram e caminharam por algum tempo.

Resolveram aceitar a proposta de emprego. O bom senso de ambas as partes não permitiu que fossem contrários a essa decisão. Com os filhos crescidos e trilhando seus próprios caminhos, não foi difícil para os parentes logo acertarem as coisas e irem embora morar no Distrito Federal.

Hilda voltou para casa. Mas depois de certo tempo e com os devidos cuidados recomendados pelo médico a vida no sítio adquiriu certa tranquilidade.

Maria, antes de ir, deixou acertado com o casal que lhe servira por longos anos sua mudança para o sítio da irmã. Dessa forma, seu Manuel tinha a ajuda de que precisava para cuidar da esposa e também dos outros afazeres.

De modo geral, nos primeiros meses não houve nenhuma mudança concreta no sítio. Seguia cada um a seu modo, sentindo a falta do filho amado. Porém, certa noite de inverno, quase milagrosamente, Isaque retornou para casa.

Capítulo sete

Negócios

A mãe de Amélia estabelecera uma fama de boa comerciante. Ganhou o respeito e a confiança dos bons nomes do vilarejo de Ganchos. Por onde passava era reconhecida por sua coragem, honestidade e esperteza. Para ela, conseguir esse reconhecimento, sendo uma mulher viúva, era tão bom quanto poder prover o sustento dos seus filhos. Ela era mãe. Acima de tudo, era assim que se definia agora.

Enquanto saboreava um café quentinho, ficou observando o ir e vir das ondas, muito calmas naquele fim de tarde, através da janela da cozinha. Mais ao longe, podia ver as bateiras ancoradas. Em uma delas, dava para perceber a silhueta de um pescador que acabara de chegar da pescaria, movimentando-se de um lado para o outro dentro da pequena embarcação. Suspirando, voltou sua atenção para os filhos que acabavam de chegar!

— Ô mãe, é amanhã mesmo que iremos no tal do Mercado Público? — perguntou Amélia assim que chegou com os meninos da brincadeira.

Viu a mãe ir até eles, se curvar para beijar as cabecinhas suadas dos gêmeos e encaminhá-los rapidamente para o banho. A mãe levou a mão ao nariz e em seguida deu uma piscadela para a filha, arrancando um sorriso da menina. Com sua atenção totalmente voltada para a garota, respondeu:

— Sim! Se tudo der certo, sairemos bem cedinho.

A garota estava super empolgada.

— Demora muito? — falou enquanto pegava uma banana assada na chapa do fogão à lenha.

— Será que vou ver algum golfinho? — perguntou, com um lindo sorriso no rosto. — Você pode comprar uma panelinha de barro pra mim? Pode? Será que eu vou enjoar?

A mãe encolheu os ombros, seus olhos captando as reações de Amélia, que não parava de falar, enquanto se movimentava de um lado para o outro na minúscula cozinha.

Não dava para responder a essa avalanche de perguntas; a mãe se sentou na banqueta e ficou ouvindo a criança por um longo tempo.

Depois da janta, já banhadas e cheirosas, as crianças foram dormir. A cozinha estava silenciosa. Lá fora, a mulher ouviu os grilos entoando o canto do verão. Olhou pela janela. A água do mar estava prateada ao luar. O céu estava cheio de estrelas, estendendo-se até a eternidade. Ela olhou para elas, apreensiva. Amanhã enfrentaria um novo desafio. Tentaria vender seu pescado num mercado dominado por homens. Sabia que não seria fácil, mas o que faltava em coragem sobrava em determinação!

Acordaram cedinho e foram para o trapiche de onde embarcariam na lancha. Antes, deixaram os meninos aos cuidados da vizinha, com a promessa de trazer-lhes algum brinquedo. A exigência deles era que podia ser: bolinhas de vidro ou pião.

Naquela hora da manhã ainda estava bem fresquinho e as duas arranjaram-se como puderam na pequena embarcação. Amélia questionou a mãe sobre as pessoas que estavam por ali, entusiasmadas para o embarque.

— A primeira semana do mês é sempre a mais disputada. Normalmente, as pessoas aproveitam para ir à cidade comprar mantimentos porque no início do mês estão mais baratos.

A mulher poderia ter comentado muito mais, no entanto percebeu que a filha não prestava atenção. Sendo assim, decidiu mudar de assunto.

— Acho que domingo, se o dia amanhecer ensolarado, vou levá-los para um piquenique.

— Nossa, mãe! Que legal! Os meninos vão adorar. — A criança ficou feliz, aliás, mais do que feliz. Disse, carinhosamente, para a mãe:

— Você é a melhor mãe do mundo. — A mulher respondeu com um sussurro:

— É só porque tenho os melhores filhos do mundo. — As duas riram e ficaram aguardando os outros se ajeitarem.

Tudo concluído, eles partiram.

Levavam alguns dos melhores peixes para o mais famoso comércio da região. O dia estava excelente, pensava a mãe da garota, para um passeio no mar. Sendo assim, deixou de lado todas as preocupações e anseios dos últimos dias e seguiu alegre, como há muito não se sentia, para a ilha de Florianópolis.

A viagem transcorreu maravilhosamente bem, Amélia seguia sem enjoos.

— Mãe, é tudo tão bonito!

— Mais que bonito, é lindo! — disse a mulher, assim que atravessaram o canal e foram costeando próximo a Santo Antônio de Lisboa.

O dono do barco, percebendo o interesse dos viajantes pelo lugar encantador, diminuiu a velocidade da nau. Sem o barulho ensurdecedor do motor, os passageiros logo retomaram as conversas.

Estavam tão perto da praia que dava para ver os trechos da orla com areia grossa que se misturavam com as cascas de pequenos crustáceos, como o herbigão.

Amélia estava atenta a tudo.

— Olha, mãe! Tem um homem lá no morro olhando pra nós! — A menina falou com admiração e apontou na direção dele.

A mulher olhou na direção que a criança apontava e balançou a cabeça, negativamente.

— Ele não deve estar vendo a gente — a mulher disse com convicção.

— Está, sim! — a criança falou com certa insistência. E, antes que a mãe tivesse tempo de convencê-la de que não, a garota levantou a mão e começou a acenar.

As duas foram surpreendidas ao verem o homem acenando de volta: a filha porque não esperava e a mãe porque não acreditava que ele as tivesse visto.

Ficaram os três se olhando como se estivessem próximos. Por fim, a mulher também levantou a mão em sinal de cumprimento. Durante uns momentos a mãe da garota manteve a mão erguida, não entendia o sentimento que lhe sobreveio ao ver aquela silhueta distante, só percebia que aquela cena tocara seu coração.

Amélia, muito atenta às expressões da mãe, logo perguntou:

— Você está triste?

— Não!

— Mas parece que você ficou triste — Amélia insistiu com a mãe.

— Não, filha, é que… deixa pra lá, estamos quase chegando e acho que estou um pouco nervosa.

— Tem certeza?

A mulher assentiu e Amélia se inclinou para a mãe, pondo a cabeça no ombro dela. Seguiram assim até chegarem ao cais para o desembarque.

Capítulo oito

Surpresas

Morar em Brasília tinha seus contratempos, como o clima, por exemplo. Entretanto, a vida social na capital era tão intensa que Maria mal tinha tempo de preocupar-se demasiadamente com os parentes, embora pensasse na irmã sempre.

Passado algum tempo o deslumbramento da capital foi esvaindo-se pouco a pouco. As reuniões no Palácio da Alvorada já não eram motivo de orgulho para o casal, que andava se esquivando das companhias interesseiras que por ali circulavam.

Após retornarem para o apartamento onde moravam, depois de uma dessas reuniões, Maria falou para o esposo:

— Acho que devíamos visitar a Hilda, podíamos ir para lá no final de semana. O tempo lá deve estar bem fresquinho e quem sabe já aproveitamos para trazer farinha. Estou preocupada; na última vez que falei com a Catarina, ela comentou que o tio não tem dado as caras, faz tempo que não sabem mais nada sobre eles. Até sugeri que os visitassem antes de mudarem-se para Garopaba, mas com a chegada iminente do bebê ela disse que seria impossível.

Seu esposo apenas concordou com um aceno de cabeça, sabia que nem o compadre e muito menos a comadre andavam bem das ideias. Da última vez que falara com a filha mais velha, ela disse ter encontrado o padrinho no mercado.

— Olha, pai — disse com certa preocupação na voz —, não conta nada pra mãe — hesitou —, mas achei o tio bem doidinho também. Ele afirmou que estava com muita pressa e quis pouca conversa. Quando perguntei pela madrinha, ele disse que estava melhorando e tratou logo de mudar de assunto. Então perguntei pelo primo, ele ficou visivelmente nervoso, afirmou que o primo em breve voltaria para casa.

A ligação estava com muito ruído e o homem achou que não entendera direito.

— Verdade? Quando?

— Então, pai... — a filha hesitou. — Falei que era algo maravilhoso e que eles deviam estar bem felizes. O resultado dessa observação não foi nada agradável — a filha choramingou —, meu padrinho mandou eu cuidar da minha vida. Acredita nisso, pai? — A garota ainda falou: — O tio nem parecia a mesma pessoa.

— Isso está muito estranho mesmo. — Foi a resposta do pai.

Conversaram um pouco mais e, antes que passasse o telefone para a esposa, falou para a filha:

— Em breve estaremos retornando para Florianópolis e logo iremos visitá-los.

Dessa forma, e não querendo preocupar Maria, esperou o momento certo para convidar a esposa para darem um pulinho até a casa deles e ver como iam as coisas por lá.

Em algumas semanas, retornaram à capital de Santa Catarina. Era bom estar de volta, pensava Maria. Ainda tinha muitas coisas para ajeitar: seu primeiro neto nasceu e queria ir até Garopaba, onde a filha mais velha morava. Entretanto, era muito importante que logo fossem ver sua irmã.

— Se o tempo estiver bom, podemos ir sábado à Hilda e no domingo a Garopaba — sugeriu Maria ao esposo.

— Desconfio — disse Maria sorrindo — que para você isso não seja um grande problema, pois sei que está ansioso para andar no seu novo Volkswagen.

— É melhor irmos logo, antes de sábado — o homem propôs, pois sabia da ansiedade que a esposa estava em rever a irmã.

Combinaram, então, de saírem cedinho no dia seguinte.

O dia amanheceu ensolarado. Após o desjejum, Maria e seu esposo embarcaram em seu carro novo e foram rumo a Santo Antônio de Lisboa. O caminho até lá havia passado por várias mudanças. No lugar das carroças encontraram alguns carros que trafegavam na rodovia com destino às belas praias do norte da ilha.

A ilha da magia, como era conhecida, dava sinais de progresso. Por toda parte viam-se construções: casas, edifícios, viadutos, pontes, era um frenesi sem precedentes. Poucos eram os lugares completamente isolados, assim como viviam sua irmã e o compadre.

No sítio um jovem olhava do alpendre da porta com os olhos semicerrados tentando enxergar ao longe, movido pela curiosidade. Não era sempre que recebiam visitas, muito menos os que apareciam em um carro.

— Como faz barulho! — Virou-se para seu pai rindo e já esperando um troçar do velho, mas o semblante dele não era de alguém que fosse fazer uma brincadeira, na verdade seu pai estava imensamente pálido. — O que foi? — Isaque aproximou-se dele — Está sentindo alguma coisa?

— Não, não... vá buscar sua mãe, ela deve estar lá no jardim, depois vá arrumar aquela cerca perto da colina, senão aquela novilha pode fugir de novo.

O filho quis argumentar que dessa vez queria ficar e ver quem eram os visitantes, na verdade queria ver o carro, mas não queria desobedecer ao pai, saiu então em busca da mãe. A encontrou sentada olhando fixamente para a roseira, parecia confusa. — Mãe, temos visita!

— Visita?

— Isso, mãe, o pai está te chamando.

Hilda ficou observando aquele moço bonito que ia se afastando. Chamou.

— Aonde você vai?

Ele voltou na direção dela. Percebeu a fragilidade que ela transparecia. Sentiu que precisaria tranquilizá-la antes de cumprir a tarefa que o pai pedira. Colocando um dos braços por cima de seus ombros frágeis, disse-lhe baixinho:

— Uma pessoa muito especial veio ver você.

— Verdade? — ela perguntou com ingenuidade.

— Sim, mãe. Não sei quem é, mas sei que deve ser alguém que gosta muito de você.

Ela parecia incerta.

— Vai! — ele disse encorajando-a.

A mãe saiu rumo a casa, andava devagar, receosa de quem pudesse ser. Há tempos que queria estar só com o filho e o marido, com eles não se preocupava que sua memória volta e meia falhasse. É que às vezes esquecia algumas coisas, noutras confundia tudo. Assim sendo, achava melhor não ter visitas.

Isaque aguardou até vê-la em segurança com o pai, depois foi até a colina, onde fez o reparo na cerca. Ainda era cedo, pensou.

Por isso, aproveitou a sombra de uma mangueira que tinha naquela parte do terreno para descansar um pouco. Ficou esperando entardecer, pois ver o sol se pôr dali era um privilégio.

Gostava de estar ali. De onde estava dava para ver o mar e ele adorava olhar no horizonte e contemplar o continente. Exatamente daquele ponto ele conseguia ver a ilha de Anhatomirim e, mais ao longe, na ponta mais ao norte, seu pai disse que era a Armação da Piedade. Não sabia explicar o que sentia ao observar de longe aquele lugar, sentia uma dor no peito como se alguma coisa o chamasse para lá. Era uma inquietação que vinha aumentando e o angustiava cada vez mais.

Um dia, pensava ele, talvez eu tenha uma oportunidade e vou conhecer aquele lugar. Há alguns meses tentou conversar com o pai sobre isso, mas seu pai nem quis falar, ficou tão arredio que Isaque achou melhor se aquietar.

Não queria aborrecer ou preocupar o pai com seus problemas, uma vez que a mãe não dava sinais de melhora, e seu pai, então, fazia o impossível para vê-la bem. Isaque percebia que o cuidado do pai para com ela era tão grande que tinha medo de que isso pudesse deixá-lo doente.

Dessa forma, fazia de tudo para aliviar a carga do velho pai. Os dois se revezavam com a administração da propriedade e com os cuidados que a doença da mãe impunha.

Algumas vezes se culpava de ter ido embora para a Europa e de ter demorado tempo para voltar.

Embora o médico tenha sido categórico em afirmar que o seu afastamento em nada contribuiu no avanço da doença da mãe, ele tinha dúvidas quanto a isso.

Pensou no dia no qual havia acordado em um quarto estranho, com os olhos piscando diante da luz suave que entrava pela janela. A sensação de desorientação o dominou enquanto ele tentava lembrar como havia chegado lá. Ao se sentar na cama, uma onda de confusão se espalhou por sua mente. Ele não conseguia se lembrar de nada, nem mesmo de seu próprio nome.

Forçou a mente em busca de algo que o ajudasse, surgiram alguns fragmentos, confusos...

Era noite e seu pai falava para alguém:

— Chame o médico!

Lembrava da sensação de ser arrastado e sentir muita dor na cabeça. Uma mulher com os cabelos desgrenhados vinha pelo corredor estreito, parecia desorientada...

Falava com histeria:

— Ai, meu filho! O que aconteceu? — perguntou alarmada.

— Você voltou! — Abraçou-se a ele de forma tão desesperada que seu pranto podia ser ouvido à distância.

Abraçava e beijava o jovem, quase derrubando todos, tamanho o descontrole em que se encontrava.

— Vamos, querida, mantenha a calma! — a voz do pai ecoava, apaziguadora.

— Nos ajude a colocá-lo na cama, pois ele precisa descansar.

Algum tempo depois, o médico constatou que o ferimento na cabeça não era nada grave e que em alguns dias o moço estaria totalmente recuperado.

De fato, suas forças retornaram, todavia nunca mais recuperou sua memória.

O que sabia era o que seu pai lhe havia contado. Que certa noite, com vento sul e chuva, escutaram um barulho repentino, e quando foi verificar encontrou o filho perto do engenho, todo molhado e desacordado.

De que maneira havia retornado da Europa era um enigma, sentia que seu pai não gostava de falar sobre isso, cada vez que ele tentava abordar o assunto o pai mostrava-se evasivo, dizendo:

— Ora, filho, o que isso importa? O importante é que agora estás aqui. A tua mãe está contente e logo, logo tuas ideias retornam. Esquece isso!

Ele riu dessa incoerência, pois tudo o que ele mais queria era lembrar, e seu pai lhe pedia para esquecer. Com a mãe não podia contar, pois a sua memória não era confiável, há muito que o médico a diagnosticou com demência.

Preocupado de ter herdado a doença da mãe, perguntou ao médico, que afirmou que seu problema era outro.

— Acredito que seu problema tenha sido causado devido a alguma pancada na cabeça que sofreste.

— Será que um dia vou lembrar das coisas?

O médico não pôde responder com exatidão, mas afirmou acreditar que a qualquer momento ele pudesse recuperar a memória.

Aos poucos, Isaque começou a se adaptar à vida no sítio. No início não tinha muita habilidade com os animais, nem com a foice e enxada. Mas, logo adquiriu habilidade para trabalhar com afinco e destreza enquanto tentava reconstruir sua vida a partir do zero.

Meses se passaram e Isaque se tornou uma parte querida da comunidade. Ele havia desenvolvido uma paixão pela dinâmica do engenho de farinha tomando para si a responsabilidade que outrora pesava nos ombros do pai. Sua personalidade forte, amigável e prestativa o tornava uma presença indispensável. Na pequena vila de Santo Antônio de Lisboa o que mais se falava era sobre o retorno do jovem filho do seu Manuel e da dona Hilda.

Levantou-se para ir embora, mas foi atraído pela imagem de uma pequena embarcação que ia se aproximando da costa.

Costumava ficar por ali na esperança de ver novamente a mesma embarcação de alguns meses atrás, quando quase não acreditou ao ver uma criança acenando em sua direção, já que não esperava ser visto.

Isaque não resistiu ao apelo infantil e acenou de volta.

Sorriu! Pensou! Aquilo parecia coisa de criança. Mas seu coração falhou uma batida quando viu uma mulher ao lado da criança, também acenando.

Ficou observando por um tempo. A princípio não dava para ver quase nada. À medida que foram se aproximando, viu que eram apenas homens que deveriam estar indo pescar.

Levantou-se, sacudiu a poeira da calça, olhou novamente para o horizonte e suspirou. Estava na hora de retornar para casa.

Capítulo nove

Suspeita

Seu Manuel andava arredio com as pessoas, não ficava confortável quando recebiam visitas.

O povo era bisbilhoteiro e ele não queria ninguém por perto fazendo perguntas ou especulando sobre o retorno do filho.

Exceto as visitas regulares do padre, e as de uns tempos recentes de um pastor da Assembleia... Com os dois, ele até gostava de tomar um paradinho e jogar um dedinho de conversa fora.

Mas aquele carro só podia ser dos compadres que haviam regressado da capital.

Sabia que a qualquer momento eles apareceriam para saber como estavam. Todavia ainda não estava preparado para esse momento, pois sabia que a cunhada era astuta e observadora e por isso não a queria por perto.

Depois que eles haviam mudado de cidade, nunca mais tinham se visto ou tido notícias, até que uns dias atrás encontrou a sobrinha mais velha no mercado. Fingiu que não a reconheceu.

Mas a garota o abordou, desconsiderando sua frieza. Depois de falar um pouco sobre a mãe e o quanto ela sentia por estar afastada, perguntou como estava a saúde da tia.

O tio pareceu ficar comovido, respondeu que a tia estava um pouco melhor. Em seguida, perguntou sobre o antigo casal de criados que, após a mudança dos pais, foram para o sítio dos tios para o ajudar com a tia.

O tio informou que eles há muito haviam ido embora para o interior com a família, pois já tinham certa idade e estavam cansados.

A menina era mesmo metida, pensava o tio. Quando perguntou pelo primo, não resistiu e mandou-a cuidar da própria vida.

Sabia que tinha passado dos limites.

Desde aquele infeliz encontro que tivera no mercado com a sobrinha ficou cismado que a qualquer hora os compadres apareceriam de surpresa. Por isso, logo mandou o filho olhar a cerca, mesmo sabendo não haver buraco algum. Estava arrependido de ter sido ríspido com o moço.

Enquanto via o carro aproximando-se, tirou o chapéu e ficou movendo-o de um lado para o outro em suas mãos.

Levantou os olhos para onde o filho deveria estar. Viu sua silhueta desaparecendo no alto da colina.

Seu coração palpitou mais rápido, sentiu uma leve dor em seu peito.

Suspirou, agora não era hora para arrependimentos, o que estava feito, estava feito. Para ele estava tudo no seu devido lugar, ele acolhera seu filho de volta, sua Hilda estava satisfeita, isso era o mais importante.

O médico até dissera que a doença dela parecia ter estagnado. Não importavam as consequências, ele faria o que fosse possível para manter as coisas como estavam.

***

Maria ficou olhando a irmã, que se aproximou deles com muita relutância. Mas estava com tanta saudade que, entusiasmada, foi ao seu encontro e tomou-lhe as mãos, perguntando-lhe em seguida:

— Ô minha querida, como você está?

— Bem — respondeu Hilda, sem demonstrar muita convicção.

Seus olhos buscaram Manuel e sua aprovação. Era sempre assim quando alguém aparecia, o que era cada vez mais raro. Quase não lembrava das coisas e tinha medo de falar alguma coisa errada, por isso não gostava de ficar perto das pessoas.

Mas essa mulher que agora segurava suas mãos tinha um sorriso tão doce e seu cabelo tinha um cheiro muito bom de marcela.

Hilda tentava rebuscar na memória alguma lembrança que pudesse explicar o que estava sentindo, parecia uma pontada no peito, como se a conhecesse de algum lugar; olhou a mulher nos olhos, desprendeu suas mãos das dela e a envolveu num abraço apertado como se nunca mais quisesse soltá-la.

Maria não conseguiu esconder as lágrimas, pois desciam pelo seu rosto abundantemente. Os homens pigarrearam, olhando disfarçadamente a cena entre as irmãs, sentiam-se envergonhados por presenciar um momento de tanta emoção.

— Sentem, compadres — o anfitrião falou com a voz um pouco enrouquecida, enquanto puxava as cadeiras de palha para as visitas sentarem, dizendo logo em seguida: — Vamos tomar um cafezinho. Anda, Hilda — acrescentou, quebrando de vez o encantamento daquele momento —, venha se sentar logo, mulher, pois tenho por certo que as visitas estão doidas por um "aparadinho".

— Deixa disso, compadre — respondeu Maria, secando disfarçadamente uma lágrima que ainda descia silenciosa por seu rosto. — Pode deixar que eu mesma passo o café. Só preciso saber onde vocês guardam as coisas.

Manuel pegou o bule e o coador de dentro da pia e entregou-os nas mãos de Maria.

A água já fervia em uma chaleira de ferro que estava no fogão à lenha no canto da cozinha. Rapidamente, Maria fez o café e sentaram-se os quatros à mesa para apreciarem aquele líquido revigorante.

Num primeiro momento ninguém disse absolutamente nada, mas passados uns minutos a conversa voltou a fluir como antigamente. A única que continuava alheia à conversa era Hilda, apesar dos esforços dos demais para incluí-la.

Hilda tentava prestar atenção à conversa, mas quase não entendia do que falavam. Quem eram aquelas pessoas? — pensou enquanto observava com atenção aquela mulher bonita que continuava falando com admiração em como a ilha havia crescido durante o tempo que estiveram fora.

— Já sentimos até um certo receio de andar à noite pelas ruas — afirma ela. — Depois que começaram o aterro da Baía Norte, uma quantidade de gente se instalou nos entornos... — O que, ao seu modo de ver, deixara o bairro perigoso.

Seu marido também relatava o aumento da farinha, do café, da cebola e do tomate.

— A única coisa que baixou de preço foram os peixes — continuou ele —, dizem que foi um ano muito bom de pescaria lá para as bandas dos Ganchos.

— Ano bissexto é bom para a pesca — falou Manuel —, este ano promete muita tainha. E, além disso, os espinheiros deram muitas flores.

— Bom sinal — disse o cunhado, enquanto bebericava um pouco de café.

— Bom para você, né, compadre? — disse Maria nesse momento da conversa. — Você sempre gostou de tarrafear na época da safra.

Hilda continuava absorta em seus pensamentos, de vez em quando olhava de esguelha para aquela mulher de cabelo cheiroso, com roupa elegante que destoava da simplicidade das coisas à sua volta. Ela a fazia querer lembrar algo para lhe contar, desejava ter uma novidade, alguma coisa que pudesse trazer aquela mulher mais vezes à sua casa.

Maria percebia os olhares de sua irmã, também notou que estava corada e que havia ganhado um pouco de peso desde a última vez em que a tinha visto. Estava com medo de encontrá-la triste e a chorar como nos últimos tempos ela sempre vivia. Mas aparentemente ela estava bem, embora demonstrasse estar absorta como se vivesse num mundo à parte, num mundo só dela...

Então, surpreendendo os três, ela declarou em alto e bom som:

— O meu menino está em casa!

Por uma fração de segundos o silêncio imperou absoluto, depois disso o pequeno ambiente tornou-se caótico para um observador que estivesse contemplando a cena do lado de fora.

— Você tá doida, mulher?

Seu Manuel levantou-se tão abruptamente que jogou longe a xícara com o que restava de café.

Maria correu para perto da irmã, falando baixinho enquanto a abraçava pelos ombros como que tentando consolá-la e seu marido tentava convencer seu Manuel de que a esposa precisava de uma internação.

— Não sei o que fiz de errado — choramingava Hilda.

— Nada, nada, minha querida, você não fez nada errado.

— Venha, vou lhe preparar um chazinho — Maria ia lhe dizendo enquanto a levava até o quarto com a esperança de fazê-la descansar um pouquinho.

Enquanto preparava o chá de camomila para a irmã tomar, Maria pensava na situação de Hilda. Sua irmã não andava bem de saúde há muito tempo, mas nunca a ponto de ter alucinações. Desse modo, o ideal agora seria tentar convencer os compadres a venderem a propriedade e se instalarem mais perto da cidade, de modo que ficasse muito mais fácil cuidarem dela.

— Ela dormiu — Maria avisou assim que entrou na cozinha. Puxou uma das cadeiras de palha e sentou-se quase com deselegância, tamanha era a sua preocupação.

— Estamos preocupados com vocês — disse sem rodeio.

— Não deveriam! — falou rapidamente o cunhado, com uma palidez quase mortal.

— Como não? — respondeu Maria, angustiada. — Ela é minha irmã! Você sabe bem que a tenho em alta estima, pois foi ela quem praticamente me criou. Agora é ela quem está precisando de mim, como acha que vou ficar sabendo que estão aqui sozinhos com ela nessa situação?

Manuel olhou para a sua cunhada, normalmente tão elegante, sentada ali naquela pequena cozinha destoada do luxo das ricas residências onde sempre morou, com as paredes enfumaçadas dos longos anos de uso do fogão à lenha, as canecas de plástico e alumínio, diferentes das ricas porcelanas nas quais ela servia seus ilustres convidados. Naquele momento, demonstrava uma preocupação genuína, e um grande pesar.

Conseguia perceber a aflição que emanava dela, quis dizer-lhe para não ficar preocupada. Que era verdade que o filho havia retornado, mas lhe faltou coragem.

— Olha, compadre... — Maria disse, relutante — talvez seja preciso levá-la novamente para a minha casa.

Manuel refutou a ideia de imediato. Por mais que tivesse a cunhada em alta estima, e mesmo sabendo que ela estava pensando no bem de sua esposa, jamais deixaria que a levassem para longe dali novamente.

Depois desses momentos tensos, concordaram que, se as coisas piorassem, Manuel os avisaria, e eles por sua vez comprometeram-se a vir visitá-los com mais frequência.

Ao longe, Isaque observou o carro levantando poeira à medida que ia se afastando da casa.

Estava na hora de retornar.

Capítulo dez

Confronto

O Tigre

Tigre, tigre que flamejas
Nas florestas da noite.
Que mão que olho imortal
Se atreveu a plasmar tua terrível simetria?

Em que longínquo abismo, em que remotos céus
Ardeu o fogo de teus olhos?
Sobre que asas se atreveu a ascender?
Que mão teve a ousadia de capturá-lo?
Que espada que astúcia foi capaz de urdir
As fibras do teu coração?

E quando teu coração começar a bater,
que mão que espantosos pés
puderam arrancar-te da profunda caverna,
para trazer-te aqui?
Que martelo te forjou? que cadeia?
Que bigorna te bateu? que poderosa mordaça
Pode conter teus pavorosos terrores?

Quando os astros lançaram os seus dados,
e regaram de lágrimas os céus,
Sorriu Ele ao ver sua criação?
Quem deu a vida ao cordeiro também te criou?

Tigre tigre que flamejas
nas florestas da noite
que mão que olho imortal
se atreveu a plasmar tua terrível simetria?

(William Blake)

— O que significa o poema? — perguntou Isaque ao padre com grande curiosidade, pois grande parte do que o homem havia dito ele nem fazia ideia do significado.

Ele também estava curioso para saber a reação do pastor que acabara encontrando-se com o padre numa dessas visitas à sua casa.

Esse negócio de religião o deixava um pouco confuso, mas ele gostava dos dois homens, as únicas pessoas que ele percebia que o pai apreciava em receber e conversar.

— Seria sobre quem criou o mal? — disse o padre, pensativamente. Era assim que entendia o poema.

— Acredito que o mal não foi criado — falou o pastor com convicção.

— Como assim? O mal existe! — o padre retrucou imediatamente. — Olha quantas coisas acontecem de mal no mundo: guerra, fome, desamor... coisas terríveis que os homens cometem todo dia, e você ainda diz que o mal não existe! — Isaque nunca vira o padre assim tão irritado.

— Não estou dizendo que não exista, mas pra mim o mal é a ausência do bem. Ou seja, se nos afastarmos do bem, o mal se sobressai — o pastor argumentou em sua defesa.

A partir dessa fala a pequena sala, aquecida pelo fogão à lenha, transformou-se num grande palco onde ora discorria o padre, ora o pastor.

Depois de um longo debate, as visitas levantaram-se simultaneamente, pois era chegada a hora de irem embora, o sol já declinava no poente e nenhum dos dois almejava ser pego pela bruma da noite, que logo se aproximaria.

Isaque esperou os dois se afastarem e comentou com um leve sorriso entre os lábios: — Que dupla!

— É... — foi a única palavra que seu pai expressou. Mas algo em seu tom de voz atraiu a atenção do filho para seu rosto, que a essa altura estava mortalmente pálido.

— O senhor está bem? Está sentindo alguma coisa? Alguma dor? — Isaque perguntou, extremamente preocupado e já se adiantando para amparar o pai, que parecia desfalecer.

— Mãe! — O tom de urgência na voz do filho fez com que Hilda rapidamente agisse com lucidez. Mais por instinto do que por lógica, ajudou o filho a colocar o marido em uma cadeira e ficou abraçada a ele, enquanto o garoto fazia um chá, a essa altura, para os três tomarem.

Passados alguns dias após aquele incidente, seu Manuel parecia ter recuperado suas forças, no entanto andava mais calado que nunca.

Isaque de vez em quando percebia seu olhar sobre si, mas, assim que era notado, tratava logo de disfarçar. Havia uma tensão crescente em seus modos, até que certo dia enchendo a carroça de farinha, interrompendo o trabalho, Isaque perguntou-lhe:

— Tem alguma coisa acontecendo que eu deveria saber? — O pai o olhou espantado, olhos arregalados, e respondeu de forma ofegante:

— Nada, filho, por que a pergunta? — disse olhando para o rapaz, parando também seus afazeres.

— Não sei... — o filho falou de forma hesitante — é que o senhor ultimamente parece preocupado — disse hesitante, depois acrescentou —, e triste.

Seu pai negou veementemente, balançando a cabeça, enquanto seu filho num último esforço para tentar convencê-lo falou:

— O senhor até perdeu peso!

Os ombros do homem caíram, consideravelmente. Enxugou o suor da testa com o lenço que a esposa bordara há alguns anos nas longas noites de inverno.

Olhava atentamente o bordado do lenço, ele o fez lembrar do seu pequeno garoto que se assentava em seu colo nas noites frias, para ouvir as histórias de bruxas e lobisomens que assolavam os vilarejos na ilha de Florianópolis.

Enquanto contava essas histórias aterrorizantes, Hilda traçava com paciência e precisão os pontos que enfeitavam alguns de seus lenços. Sua esposa sempre foi muito caprichosa, pensou com orgulho.

Então decidiu que, por mais errado que fosse, faria tudo o que estivesse ao seu alcance para ela se sentir feliz.

Lembrou daquele troço do tal poema que o padre falava no outro dia. Por vezes se comparou àquele tigre, o que espreita na noite e faz o mal. Cabisbaixo, suspirou profundamente!

Levantou os olhos para o filho, viu a preocupação estampada em seu rosto e por um segundo sentiu um pesar em seu coração, mas falou novamente, dessa vez com mais convicção:

— Está tudo bem! — Olhou em direção a casa. O filho acompanhou seu olhar.

Dava para ver a silhueta da mãe na varanda. Os homens entreolharam-se, nada precisava ser dito. Havia pesar no olhar dos dois. Passados uns instantes, seu Manuel falou:

— Estou me sentindo um pouco cansado!

Isaque olhou com seriedade para o pai.

— Mas deve ser a velhice! — falou por fim o homem em tom jocoso.

Isaque achou melhor seguir trabalhando e, assim, rapidamente encheram a carroça com os produtos que seriam levados para o Mercado Público.

Há algum tempo, o rapaz assumiu de vez as rédeas do sítio. Mas as idas ao Mercado Público ainda ficavam ao encargo do pai, que não abria mão de negociar com os velhos amigos.

Capítulo onze

Retorno

Amélia ficou completamente eufórica com as lojinhas do Mercado Público, o mesmo sentimento que a invadira na primeira vez em que esteve ali.

Alguns meses haviam transcorrido desde aquela primeira tentativa da mãe de vender os peixes secos no grande mercado da cidade. Havia sido tão difícil que ela desistira por um tempo. Mas naquele ano as vendas nos bairros vizinhos haviam diminuído e por isso ela mais uma vez tentava negociar ali.

Amélia ficou muito feliz em poder retornar àquele local e torcia que desta vez elas tivessem mais sucesso que na anterior.

Havia muito barulho em toda a extensão do Mercado. Nas bancas, os comerciantes gritavam para atrair os clientes que se aglomeravam pelos corredores buscando os melhores preços.

Mãe e filha caminhavam boa parte da manhã entre uma banca e outra tentando vender os peixes secos que haviam levado. A resposta era sempre a mesma: eles só estavam interessados em peixes frescos.

Quase desanimando, a mãe da garota foi até a banca cujo dono havia sido recomendado pelo seu Arnaldo. Depois de uma breve conversa, o homem disse-lhe:

— Início da tarde tenho um fornecedor de farinha que adora peixes secos. Posso perguntar-lhe se tem interesse nos da senhora.

— Vou aguardar, então! — a mulher respondeu, simplesmente.

Suspendeu novamente a sacola e a colocou nos ombros. Desta vez, parecia que pesava um pouco mais. Tomou a menina pela mão e saiu em direção ao restaurante que tinha na entrada do Mercado. Pediram um prato que servia posta de anchova, arroz, farofa, salada e pirão.

As duas comeram tudo o que foi servido. Sua mãe ainda se serviu do cafezinho que foi oferecido. Aproveitaram para descansar um pouquinho enquanto aguardavam o tal do homem chegar.

O estado de ânimo da mulher não era dos melhores. Lembrou da sensação de derrota da primeira vez em que esteve ali e da vergonha que sentia em voltar para casa com os peixes que haviam trazido.

Imaginava que seria difícil negociar seus peixes, e desta vez ela veio com menos expectativas. Mas não esperava que ao meio-dia ainda não tivesse vendido nenhum. Não queria dar vazão ao sentimento de derrota que a estava tomando. Tinha as mãos trêmulas, o choro preso na garganta, porém estava determinada a prosseguir.

Enquanto comiam não queria pensar no fracasso, por isso agarrou-se à última esperança que tinha: aquele senhor que estava vindo.

Seu Manuel demorou para chegar. Tivera problema em uma das rodas da carroça, só não voltou porque estava mais perto do Mercado do que de casa. Já passava muito do meio-dia quando ele conseguiu chegar na banca do seu José. Após descarregar toda a farinha ele foi até o balcão para acertar suas contas com o dono do comércio.

— Boa tarde, seu Manuel! — seu José falou assim que viu o homem chegando.

— Boa tarde!

— Tudo bem? O Senhor demorou para chegar, hoje — falou isso enquanto terminava de atender um cliente.

Seu Manuel ficou aguardando o homem retornar ao balcão para relatar o problema com a carroça. Conversaram mais um pouco até que seu José se lembrou da mulher e da menina que mais cedo estiveram ali.

— Ei, Manuel! Você está interessado em comprar uns peixes secos?

— Tens aí?

— Não! Mas apareceu uma mulher aqui oferecendo e lembrei de ti.

Seu Manuel ficou interessado. Eles gostavam de ter um peixinho assim para uma reserva. Notando o interesse do homem, seu José logo falou que a mulher ficou de passar por ali de novo.

Depois de algum tempo, não muito, mãe e filha se levantaram para a última tentativa. Depois disso, tinham que ir para o embarque na lancha, pois não poderiam perdê-la, de jeito nenhum!

Enquanto caminhavam, Amélia se distraía com os sons e cheiros do ambiente. Aquele dia estava sendo tão bom, tão diferente. Mas ainda precisavam vender os peixes.

Chegaram na última banca. Seu Manuel estava lá. Olhou para a mãe e a filha, rapidamente. Não precisou olhar muito para os peixes para saber que eram de boa qualidade.

Cheiravam bem! Ficou com todos.

Depois do pagamento, ficou observando as duas até desaparecerem em meio às pessoas que transitavam por ali.

— Quem são elas? — perguntou seu Manuel depois de uns instantes.

— Não sei. — Seu José deu uma olhada para onde elas tinham ido. Com um leve balançar de ombros, mudou de conversa.

Seu Manuel ficou por ali mais um pouco e logo foi se ajeitando para retornar para casa. Não tinha intenção de anoitecer na rua.

Depois da venda, as duas foram até a loja dos trecos de barro. Desta vez, tinham o dinheiro para comprar o que desejavam.

Tinha tanta coisa linda que para Amélia foi difícil escolher. Por fim, acabou levando um jogo de louças e mais dois vasinhos pequenos.

Para os meninos, levaram uma porção de bolinhas e um bolão que eles tanto queriam.

A ida até o mercado mostrou-se penosa para as duas. A mãe entendeu que negociar ali exigiria muito mais que boa vontade, teria que ter muita determinação.

Amélia dormiu assim que iniciaram a viagem de volta. Atravessaram o canal por outro caminho, bem perto da ponte. Enquanto atravessavam a mulher lembrou-se da primeira viagem das duas e do momento em que avistou aquele homem no monte.

Aquela cena tornou-se um enigma em sua mente, uma figura enigmática que parecia estar conectada de alguma forma a elas. Sentiu um arrepio. Olhou para Amélia, que adormecera encostada em seu peito e embalada pelo subir e descer da embarcação.

Fechou os olhos. Melhor era aproveitar a viagem para descansar um pouco também.

**

Os meses seguintes foram de trabalho intenso. Aquilo que ela pensava ser difícil tornara-se algo inexplicável!

Além de atender os fregueses habituais, ela expandiu para atender mensalmente os novos clientes. Andou sabendo que seu Manuel elogiou muito os peixes que comprara dela, depois disso muitos clientes a procuravam para fechar negócio sempre que chegava no Mercado.

— Soubemos que a senhora faz o melhor peixe seco dos Ganchos! — Ouvir essa frase passou a ser coisa comum para a mãe de Amélia.

— Seu Manuel vive dizendo por aí que nunca comeu um desses, com tanta qualidade assim!

A mulher pensava na sorte que tinha. Deus sempre colocava em seu caminho pessoas que mais pareciam anjos. Esse senhor entrou para essa categoria. Nunca mais o vira, mas esperava vê-lo em breve, pois queria agradecer-lhe pessoalmente.

Suas recomendações abriram portas que antes pareciam intransponíveis. Desfrutava com muita gratidão desse momento de bonança em sua vida. Por onde negociava, era conhecida, simplesmente, como a mulher do pescador. Não se importava de não saberem seu nome, tinha orgulho de si mesma e da mulher guerreira que era. E, além de tudo isso, o título lhe dava confiança, liberdade e proteção.

Capítulo doze

Prudência

Seu Manuel decidiu que já era hora de seu filho assumir de vez todas as responsabilidades do sítio. E isso incluía as idas ao Mercado para negociar as farinhas. À noite, após a janta, o pai comunicou ao filho sua decisão.

— Vou deixar tudo acertado para você começar na semana que vem.

Isaque aceitou a tarefa sem nenhum questionamento. Previra que cedo ou tarde teria que assumir isso também. Achava melhor mesmo o pai ficar por casa, mais perto da mãe.

Foram até a varanda, sentaram-se os dois. A mãe se deitava cedo, pois o remédio que tomava dava-lhe muito sono. Ficaram ali calados por alguns minutos. Depois conversaram sobre o tempo, sobre a produção da farinha e, por fim, sobre a venda desta no Mercado.

Não precisavam de muita conversa para se entenderem. E muito menos de conversas que demandassem um intelecto mais refinado.

Isso ficava para o padre e o pastor, seu Manuel pensava enquanto terminava de tomar seu café.

Ele e o filho eram homens simples em suas falas. E ele gostava das coisas assim. Dessa forma não precisava temer, pois Isaque sempre soube se portar onde quer que estivesse.

A semana passou rápido demais. As fornadas de farinha foram extensas, mas satisfatórias.

— Tudo certo para o mercado amanhã?

— Tudo, pai. — Foi a resposta simples do filho. — Estou querendo sair bem cedo, pois parece que o tempo vai mudar.

— Com esse Nordestão que está, provavelmente amanhã chega vento sul.

Isaque admirava a sabedoria do pai em conhecer o tempo.

— Se o senhor diz — ele riu —, provavelmente vai ser.

— Melhor eu ir dormir logo.

— Bênção, pai.

— Deus te abençoe, filho. — O homem hesitou, abriu a boca para falar alguma coisa, depois meneou a cabeça, dizendo novamente:

— Deus te abençoe!

O sono custou a vir. Isaque estava apreensivo. Já tinha ido algumas vezes com o pai entregar as farinhas, mas nunca sozinho. Não depois de esquecer-se de tudo.

Esperava não encontrar ninguém bisbilhoteiro que fosse lhe fazer alguma pergunta.

Enquanto ia pela estrada, seguia pensando nas melhorias que ainda precisavam fazer no sítio. Entre elas, a necessidade de adquirirem uma condução mais rápida. Quando retornasse ia falar com o pai para comprarem uma Kombi.

Chegou no Mercado por volta das nove horas da manhã, bem na hora do frenesi. Essa também era a hora em que as lanchas que vinham de Biguaçu, Ganchos e até de Tijucas começavam a chegar.

Ele parou a carroça perto da banca do seu José. Tinha encomenda para ele, mas também havia trazido bijus e cuscuz, que entregaria na feira ali por perto.

— Bom dia, seu José!

— Bom dia, Isaque. Cadê o pai? — seu José perguntou enquanto ia de um lado ao outro na banca.

— Vim sozinho hoje. — O homem parou o que estava fazendo e olhou o jovem com atenção, em seguida perguntou:

— Está tudo bem?

— Está — Isaque respondeu, simplesmente.

O homem continuou olhando, seriamente. Isaque achou por bem acrescentar que o pai andava um pouco cansado e queria ficar um pouco mais com a mãe. Isso pareceu tranquilizar o velho amigo do pai.

Após deixar as farinhas, ele seguiu rumo à feira com as encomendas que trouxera. Até ali parecia que estava indo tudo bem, pensou. Daria conta.

Aproveitou para comprar algumas coisas na feira para levar para casa. Sua mãe precisava de frutas, ela mal se alimentava ultimamente. E não poderia esquecer-se da encomenda do pai. Peixe seco.

Retornou à banca do seu José para ver se a mulher do pescador, como seu pai falava, já havia aparecido com a preciosa encomenda. Depois que seu pai trouxe aqueles peixes uns meses atrás, parecia obcecado pelas iguarias.

Também não poupara elogios para a jovem e nem para a criança que a acompanhava.

Depois disso, seu pai nunca mais as vira. Embora soubesse que elas iam periodicamente levar os peixes que eram sucesso no mercado.

Movido pela curiosidade, Isaque perguntou ao pai sobre ela. Seu Manuel ficou tão surpreso com o interesse do filho que não conseguiu esconder seu espanto. Com desconfiança, disse apenas que a mulher era viúva.

O pai nunca mais a vira, pois seu dia de entrega da farinha mudara. Todavia, seu peixe seco sempre estava garantido na banca do seu amigo, onde a mulher deixava.

Isaque não tinha interesse em conhecer alguém, muito menos uma mulher, mas precisava pegar os peixes. De longe ele a avistou, ela estava de costas para ele. O cabelo encaracolado balançando ao vento trazia-lhe uma sensação de familiaridade.

Ela parecia entretida com o pessoal da banca. Ficou observando-a um pouco mais antes de aproximar-se com certa relutância. Seu José, que estava atento a tudo em volta, viu o filho do amigo que vinha se aproximando devagar. E então, com uma animação incomum, falou para a mulher:

— Olha! O filho do seu Manuel acabou de chegar, você pode agradecer-lhe pessoalmente.

Capítulo treze

Revelações

Amélia não pôde acompanhá-la ao mercado naquele dia. Sua menina já estava no sétimo ano e aquela era a semana de provas.

Os gêmeos, sorriu, estava fora de cogitação levá-los consigo, eles não paravam um só instante. Por isso, foi sozinha.

Tinha preparado a encomenda do bom homem, seu Manuel. Foi novamente na esperança de encontrá-lo, mas logo descobriu que ele não estava por lá. Seu José falou-lhe do filho, mas ela não tinha interesse algum em conhecê-lo, principalmente estando sozinha.

Sentia certa insegurança em estar sem a filha. Estava querendo resolver bem rápido seus assuntos antes que o tal moço aparecesse. Enquanto esperava comentava com o pessoal da banca, que haviam sentido a falta da menina, que Amélia, desta vez, não pudera vir. Seu José surgiu de trás da cortina, onde mantinha um pequeno escritório, com o pagamento do mês. Estava pronta para sair.

Infelizmente, não estava com sorte, pensou. Seu José com muita animação falou-lhe:

— Veja! O filho do seu Manuel acabou de chegar! Você pode agradecer-lhe pessoalmente.

Não dava mais para fugir. Ela respirou fundo antes de virar-se, lentamente.

Seus olhos semicerrados viram primeiro as botas surradas, depois atentaram para os ombros largos. Pensou: é trabalhador.

Vislumbrou um rosto de expressão forte, e então ela viu os olhos de alguém a quem ela não tinha mais esperança de ver.

— Meu Deus! — falou, mortalmente pálida e, pela segunda vez na vida, a mulher desfaleceu!

***

Foi recobrando os sentidos aos poucos, sua cabeça doía.

Não queria abrir os olhos. Ouvia murmúrios. Alguém perguntando o que estava acontecendo.

Alguém tentava lhe dar um pouco de água. Uns braços fortes a ampararam, estremeceu.

Fechou ainda mais seus olhos. Tinha medo de abri-los. Não estava preparada para descobrir o que significava tudo aquilo. Mas tinha que fazê-lo.

— Quem é você? — perguntou assim que pôde se recompor um pouco.

Seu José ajudou a colocá-la em uma cadeira dentro do seu estabelecimento. A afastou da curiosidade dos transeuntes. A mulher estava trêmula, parecia muito perturbada.

Isaque não sabia o que fazer. A amparou assim que percebeu que ela iria desmaiar. Sentia tanto pesar que mal compreendeu a pergunta que ela lhe fez.

Tentou ajudá-la, mas ela não mais o deixou aproximar-se dela, insistia em perguntar-lhe quem era. Isso não era algo bom, Isaque pensava. Como explicar para uma estranha quem era?

Estava nervoso, não precisava dessa complicação agora. Já havia desistido disso. Ela insistiu:

— Quem é você? — Olhou nos olhos dele.

Queria saber! Precisava saber! Talvez fosse só uma coincidência, mas seu instinto dizia que jamais teria paz de novo se não descobrisse quem ele era.

Seu José achou melhor interferir. Aquilo não parecia nada bom.

— Moça — disse em tom conciliador —, esse homem é o filho do seu Manuel.

— Não! — ela falou balançando veementemente a cabeça. Seu José riu.

— É, sim! — Olhou para Isaque, que estava com um semblante sombrio.

— Esse, dona, é o Isaque, filho do seu Manuel.

Ela respirou fundo e então falou em alto e bom som:

— Esse — e apontou na direção de Isaque — é meu finado marido, e se chama Afonso.

Pela primeira vez na vida Isaque titubeou. Tentou abrir a boca e negar, mas não saiu som algum dela. Ficou olhando aquela mulher ali sentada, afirmando que ele era seu esposo.

Ficou ouvindo-a relatar o acidente no barco, a busca incansável pelo corpo que nunca havia sido encontrado. Ela chorava enquanto contava. De vez em quando ela o olhava receosa, raivosa, apaixonada.

Ele continuava cabisbaixo, calado. Lembrou-se da angústia de não se lembrar de quem era.

Nesse momento pensou no pai e percebeu que já era tarde e que realmente o tempo havia mudado. Logo, logo teriam vento sul.

— Preciso ir embora — disse, assim que ela acabara o relato. Ela o olhou com raiva.

— Como assim você vai embora? — ela perguntou, baixando o tom de voz, pois não queria causar transtornos para o seu José. Mas não acreditava que depois de tudo que ela contara ele fosse embora sem nenhuma explicação.

Ele permanecia calado. Essa havia sido sempre a melhor estratégia. Mas agora isso parecia não estar funcionando. Ela insistia para que ele falasse.

— Não sei! — Foi a resposta dele.

— Você não sabe? — ela falou ironicamente. — Claro que não! — continuou falando nervosamente, a voz embargada pelo choro preso na garganta que a muito custo segurava. — Você não estava lá para ver as crianças passando necessidade, nem quando eu era humilhada, assediada e considerada louca porque acreditava que você estava vivo! — Secou os olhos com as costas das mãos, tentava se controlar, mas parecia que uma fonte represada havia se aberto dentro dela e não mais podia conter todos aqueles anos de amargura por que passara.

Respirou fundo tentando recuperar o bom senso.

— Você nem ao menos quer saber como estão as crianças?

— Crianças? — ele perguntou sem acreditar.

— Você as esqueceu também? — ela disse entre dentes.

— Sim! — Foi a resposta simples dele.

— Maldito! — Ela virou o rosto e chorou copiosamente.

Os dois ficaram ali nos fundos da banca. Seu José os deixou sozinhos, com um pouco mais de privacidade. Não estava entendendo muita coisa, embora algumas outras começassem a fazer um pouco mais de sentido.

Ela levantou-se. Precisava ir para a lancha. A recomendação era estarem mais cedo lá para fazerem a travessia antes que o vento sul caísse.

— Aonde você vai? — Isaque perguntou.

— Pra casa — ela respondeu sem olhar para ele.

— Espere! — Ele também se levantou. — Preciso te falar uma coisa — disse com seriedade.

Ela estava tão exausta, tão amargurada.

— Quando isso aconteceu? — ele perguntou por fim.

— Então você não sabe?

Ele balançou a cabeça.

Ela suspirou.

— Quatro anos, onze meses e cinco dias.

— Meu Deus! — Foi a vez de ele dizer. E sentou-se novamente, sentiu uma dor aguda na cabeça, suas vistas embaralharam e ele começou a transpirar, abundantemente.

Até então, ouvia todo aquele relato com respeito, mas não sentia ser real o que ela falava. Parecia a fala de uma viúva desvairada.

Certamente, devia ser parecido com o falecido dela. Entretanto, a data do desaparecimento do marido era igual à do seu acidente. Isso só podia ser uma coincidência infeliz.

Quando ela o viu daquele jeito, seu coração enterneceu-se. O que poderia ter acontecido para que ele os abandonasse assim?

— Onde esteve durante todo esse tempo? — ela perguntou, com medo do que ele falaria.

— Com meus pais.

— Não pode ser! — Foi a resposta dela.

— Por que não? — ele perguntou ainda sentindo o mal-estar.

Ela deu um sorriso nervoso.

— Porque eles já morreram! — ela disse.

Os dois ficaram em silêncio. As feridas que traziam estavam expostas e doíam. Se ele fosse quem ela dizia ser, quem era realmente Isaque? E como ele havia assumido sua identidade?

Precisava voltar! Tinha urgência em conversar com o pai. Precisava de respostas. Por fim, ele falou.

— Você diz que sou seu marido. — Ela o olhou raivosamente.

— Calma! — ele disse levantando uma das mãos. Continuou falando, suavemente: — Como você pode ter certeza? — Ela tentou falar. — Espera! — ele pediu. — Deixa eu terminar. Eu posso ser só alguém parecido com o falecido.

— Impossível! — ela afirmou. — Sempre soube no meu coração que você estava vivo.

O coração dele sentia a força da emoção que emanava das palavras dela. Ela falava com tanta convicção que ele estava quase querendo acreditar. Sabia que tudo ficaria muito difícil.

Precisava contar para ela.

— Eu não sei quem sou! — disse cabisbaixo.

— Como não sabe? — Ela já estava sem paciência de ouvi-lo negando ser quem era. Tinha convicção de que havia reencontrado seu grande amor, mas o que acontecera para ele estar tão reticente assim?

— Eu não me lembro de nada antes do acidente que sofri há exatos quatro anos e alguns meses.

Ela não precisava de uma confirmação maior que essa. Aquele que estava à sua frente era mesmo o seu esposo.

— Afonso... — disse afetuosa e suavemente. Ele a observou com um nó na garganta. Ela era linda!

Ficaram uns instantes em silêncio, sem saber o que fazer. Ela queria correr para seus braços, aconchegar-se em seu peito, mas os anos de afastamento levaram embora a intimidade.

Como adultos tinham consciência de que tinham que voltar para as suas recentes vidas, pois ainda tinham que resolver o mistério que interrompera a vida de antes. Mas ela não o deixou ir antes de pedir-lhe:

— Você promete que não se esquecerá de mim de novo? — Era quase uma súplica. Novamente ele sentiu aquele nó na garganta, sem saber o que dizer. Dava para ver o esforço que a dama fazia para controlar o pranto.

— Prometo! — disse após um instante de silêncio.

Em seguida, não resistindo ao apelo que via em seu olhar a puxou para seus braços.

Abraçaram-se fortemente.

Capítulo quatorze

Angústia

A viagem de volta foi um borrão para a mulher. As emoções daquele dia eram indescritíveis. Ficou no fundo da lancha com os olhos fechados o tempo todo. Tentava manter a compostura, fingindo um sono que estava longe de sentir.

Não podia revelar sua descoberta para ninguém. Isso incluía também os filhos. Como explicar para as crianças que o pai estava vivo, mas que não se lembrava delas? Ou como explicar o desaparecimento durante aqueles longos anos se nem ao menos ele conseguira explicá-lo?

Ficou revivendo o momento do reencontro por vários dias. Questionava-se constantemente se concordava em esperar até resolver aquele mistério para falar para os filhos sobre o pai teria sido a melhor decisão.

Começava a achar injusto e até mesmo egoísmo esconder esse fato deles. Mas iria respeitar a decisão que tomaram juntos por mais uns dias. Caso não obtivesse notícia alguma do esposo, iria em busca de informações, pois não suportaria mais uma temporada de espera e aflições.

Isaque fez o caminho de casa com mil perguntas na cabeça. A dor da incerteza aumentara consideravelmente.

Conjecturava mil possibilidades, mas no estado em que estava não chegava a conclusão alguma. De uma coisa tinha certeza, precisava conversar com o pai. Intuitivamente deduzia que ele tinha muitas coisas para lhe dizer.

Assim que cruzou a porteira do sítio, mesmo de longe percebeu que havia uma movimentação atípica na casa. Apressou o cavalo, que àquela altura estava quase sem forças.

Quando chegou próximo a casa, diminuiu a velocidade da carroça, que sem o peso da carga fazia um barulho ensurdecedor. Ouviu o burburinho de alguns vizinhos que o cercaram.

— O que aconteceu? — foi logo perguntando mesmo antes de pular da carroça.

Procurou pelo pai entre os presentes e não o encontrou.

O coração batia descontrolado, sentiu medo! O que estava acontecendo?

— Coitado! — Ouviu alguém dizer.

— O que houve?! — tornou a perguntar, já em disparada para casa.

Alguém o segurou pelo braço.

— Melhor não entrar! — disse o padre, que estava saindo da casa e o segurava.

— Mas... — ele ainda tentou falar.

— Melhor não! — disse o padre com firmeza.

Ele quis puxar o braço, olhou o padre, contrafeito, mas, por uma questão de respeito ao homem, disse:

— Eu preciso ver o meu pai! — insistiu. — Agora!

— Meu filho! — o padre falou com ternura.

— Seu pai... — fez uma breve pausa e disse, então, por fim: — Acabou de falecer.

Isaque olhou estupefato para o religioso sem acreditar no que acabara de ouvir.

— Meu Deus! — disse de forma desolada.

Relembrou o início daquele dia: as recomendações do pai, o aceno dele da varanda. Quando desceu da carroça para fechar a porteira, ele ainda estava lá.

O último aceno.

Afonso não saberia dizer o que estava sentindo naquele momento. O que deveria sentir? Dor, raiva, pesar? Sem sua memória, ele tornou-se refém de quem sabia sua verdadeira identidade. Ansiou chegar em casa e conversar com a única pessoa que poderia esclarecer toda a verdade.

O padre olhou aquele homem forte. Dava para ver a angústia emanando dele. Olhou com compaixão e teve que fazer um grande esforço para explicar as avalanches de perguntas que vieram a seguir.

— Morto? O que aconteceu? E minha mãe?

O homem optou pela pergunta mais simples.

— Sua mãe está bem! Já providenciei para que sua tia fosse avisada.

— Agora eu tenho uma tia? — Isaque perguntou com ironia.

O padre o olhou dentro dos olhos e disse, calmamente:

— Meu filho, agora não é a hora.

Isaque sentiu vergonha. Mesmo estando com muita raiva, aquele não era o momento.

— O senhor sabe! — ele concluiu.

O padre assentiu!

Depois de olhar o caos ao seu redor, cedeu.

— O senhor tem razão — disse recompondo-se.

Ele tinha coisas práticas para resolver. O padre deu um leve toque em seu braço, demonstrando aprovar sua sábia decisão. Em seguida explicou:

— Seu pai teve um infarto, foi o que o médico disse. Perto das oito o Zé foi até a igreja me chamar porque seu pai queria conversar comigo e era urgente. Vim assim que pude. Cheguei por volta das nove, seu pai já tinha cuidado da sua mãe... — A voz do padre falhou. — Ele a amava muito, sabia? Conversamos um pouco e em seguida ele disse não estar se sentindo bem — o padre fez uma pausa quando alguns dos vizinhos se aproximaram de onde eles estavam. Queriam saber a que horas seria o sepultamento. Depois que eles se afastaram, continuou: — Ajudei-o a deitar-se perto da sua mãe, como ele pediu. — Os olhos do padre encheram-se de lágrimas — Ele segurou nas mãos dela e logo morreu.

O padre concluiu:

— Seu pai era um homem simples que amou demais. Perdoe-o!

***

Durante o velório Isaque foi apresentado aos supostos tios e a alguns dos primos, pois nem todos conseguiram comparecer por estarem morando em outros estados.

Sentia o olhar deles sobre si. Sua tia apesar de aparentemente abalada o olhava constantemente. Será que sabiam? Pensava. Apesar de que isso não mudaria nada naquela hora. As dúvidas ou certezas tinham que esperar pelo momento certo em que cada uma entraria em cena.

Deu adeus àquele homem que por algum motivo se passara por seu pai. Depois disso, retornaram ao sítio os tios, o padre e alguns vizinhos e amigos mais próximos.

Conversaram um pouco, logo depois seus tios chamaram-no à cozinha, onde teriam mais privacidade. A tia foi logo dizendo:

— Você não é o meu sobrinho.

— Maria! — seu esposo repreendeu, carinhosamente.

— Você sabe que não é! — Maria disse, energicamente. — Não podemos continuar com essa farsa! — disse olhando com seriedade para o marido.

O padre chegou até onde estavam e pediu-lhes para que o aguardassem que logo falaria tudo o que eles precisavam saber. Os três aguardavam em silêncio pelo padre, que se despedia da vizinhança ainda chocada pela morte súbita do homem que sempre fora muito estimado na comunidade.

Sua mãe estava deitada, alheia aos acontecimentos ao redor. Sua condição física havia piorado muito nos últimos dias. Isaque não fazia ideia do que deveria fazer. Em quem confiar.

O mundo a que acreditava pertencer, ruíra em questão de horas. O novo, apresentado pela mulher que afirmava ser sua esposa, lhe era totalmente desconhecido. Sentou-se, sozinho e triste. Sua cabeça latejava incansavelmente. Não sabia quem era pela segunda vez.

Capítulo quinze

Confissão

O padre entrou na cozinha e foi logo se sentando. Parecia exausto.

Sentiu o clima tenso que emanava no ambiente. Respirou, pediu um café, que foi servido por Maria, e antes de começar a falar tirou uma folha de papel dobrada do bolso do seu paletó surrado, marcada pelo tempo, e disse:

— Meu amigo Manuel pediu-me para te entregar isso. — Olhou na direção do rapaz, que estava em pé perto da porta, com um semblante triste. Esticou o braço enquanto o moço caminhava em sua direção.

Ficaram observando-o abrir uma folha que retratava a mesma mulher que ele havia encontrado no dia anterior. Seus olhos arregalaram-se e ele não mais pôde suportar a agonia de saber todo o seu passado. Sentou-se pesadamente em uma cadeira para ouvir toda a história.

— Seu pai, quero dizer, meu amigo Manuel... — o padre iniciou com certa hesitação, mas percebendo a aflição dos presentes, forçou-se a continuar. — Ontem pela manhã seu cunhado — disse dirigindo-se a Maria — mandou-me chamar com urgência para uma confissão. Não poderia lhes falar se ele não tivesse pedido veementemente para caso ele morresse eu revelasse toda a verdade. Por isso — o padre justificou-se — estou aqui para atender à última vontade dele.

— O que vou contar-lhes é uma triste história de amor.

Maria controlou-se como pôde para não discordar do religioso.

— Seu cunhado — disse olhando nos olhos de Maria — amava muito sua irmã.

Isso não era nenhuma novidade, pensou a mulher. Mas manteve-se em silêncio, pois ansiava descobrir o que acontecera ali em sua ausência.

— E estava disposto a fazer tudo o que estivesse ao seu alcance para fazê-la feliz. — Desta vez olhou nos olhos do jovem.

Ele apenas assentiu com a cabeça, esperando o clérigo continuar:

— Depois que o filho partiu, eles aguardavam ansiosamente seu retorno. Entretanto, durante algum tempo só receberam poucas cartas que mal satisfaziam seu desejo por notícias. Como sabem, dona Hilda começou a apresentar indícios da doença. Foi muito difícil para meu amigo lidar com tudo isso.

Maria secou uma lágrima que escorreu silenciosamente em seu rosto.

— Continua — pediu seu esposo ao padre.

— Hilda passou uns meses em sua casa? — o padre perguntou.

— Sim! — Maria assentiu confirmando o que o homem relatava.

— Quando ela voltou para casa parecia um pouco melhor, então às vezes Manuel saía para pescar tainha com o Zé, seu empregado. Certo dia eles se aventuraram um pouco mais longe. Foram até a ponta dos naufragados, pois havia rumores de que na noite anterior alguns pescadores viram muitas delas pulando por lá. Saíram cedo e chegaram lá ao entardecer. De fato, de acordo com Manuel, havia uma quantidade enorme de peixes. Mais tarde naquela noite eles observaram um barco grande que vinha do sul, aproximando-se de onde a pequena embarcação estava, sem parecer vê-los, pois estavam numa luta incessante com um incêndio a bordo. Os dois, segundo ele, ficaram observando a cena aterrorizante. Sem ter muito o que fazer, viram quando um cabo estourou atingindo um tripulante e jogando-o no mar.

— Era eu! — foi a constatação óbvia a que Afonso chegou naquele ponto da narrativa.

— Eu sabia que você não era meu sobrinho! — Maria disse apressadamente. — Sem querer ofender! — ela reconsiderou. — Você até possui uma certa semelhança. Mas logo percebi que você não era ele.

O padre, parecendo não se importar com a interrupção, continuou o relato.

— Os dois homens, percebendo que o barco seguia sem que notassem o ocorrido, remaram energicamente até onde o corpo caíra e o resgataram rapidamente da água.

Afonso estava emudecido. Atento ao que o padre falava, cujo rosto denotava séria emoção conforme relatava os fatos.

— Você — disse apontando para o jovem, confirmando de vez sua identidade — seguia desacordado enquanto eles retornavam para casa. A intenção, segundo Manuel, era levá-lo ao hospital. Entretanto, como não havia machucado aparente e você estava todo molhado e estava muito frio, decidiram que seria melhor trazê-lo para o sítio para aquecê-lo. Ao chegarem aqui, sua mãe — o padre pigarreou —, melhor dizendo, Hilda despertou e ficou totalmente fora de si. Agarrou-se em você desesperadamente afirmando que o filho havia voltado.

Maria não se conteve, compreensão e tristeza apareceram em seu rosto instantaneamente. Lamentou:

— Coitado do meu cunhado! Não conseguia negar nada para minha irmã e alimentou essa farsa por anos!

Ficaram todos em silêncio, absortos cada um em seus devaneios.

Afonso pensou na mulher; embora sua mente não se recordasse, sabia que era verdadeiramente sua esposa.

Lembrou-se da dor que viu em seu olhar enquanto relatava o sofrimento que lhe fora infligido, devido ao seu desaparecimento.

— Ele não tinha esse direito! — disse sem conseguir resistir. Ninguém em seu lugar conseguiria.

— De fato! — exclamou o padre. — Mas em sua defesa ele estava imensamente arrependido, por isso estava determinado a lhe contar toda a verdade.

— Quando? Ele teve quase cinco longos anos para me contar e nunca o fez. — Afonso olhou para o desenho da mulher em sua mão, virou-o para que os demais também a vissem e então falou: — É minha esposa! — disse orgulhoso. — Temos três filhos!

— Você lembrou! — o padre disse, admirado.

— Infelizmente não!

— Mas... Você falou... Esposa... — Os que estavam ali ficaram sem compreender como ele sabia da esposa sem ter recuperado a memória.

— Não sei como — Afonso disse —, mas ontem encontrei uma mulher no Mercado que me reconheceu e afirmou ser minha esposa. E esse desenho, que estava com meu p... — ele hesitou —, com ele... — disse emocionado. — É a mesma mulher.

Capítulo dezesseis

Lembrança

Naquele pequeno ambiente, as quatro pessoas que ali estavam ficaram em silêncio por alguns minutos. Absorviam as informações que haviam sido escondidas por tanto tempo e que agora jorravam como águas outrora represadas. A recente dor do luto perdera-se na falta de absolvição ao falecido.

Maria lembrou-se do dia em que visitaram os compadres, e a irmã, inocentemente, revelou a presença do suposto filho. Recordou o nervosismo do cunhado, então perguntou aos demais:

— Gostaria de saber como ele conseguiu sustentar essa mentira por anos. Isso deve ter consumido ele — ponderou. — Pois, pelo que sei, ele sempre foi um homem muito honesto.

— É lamentável — disse seu esposo — que Manuel tenha se perdido nesse delito tão grave.

Afonso permaneceu sem tecer comentário algum. Olhava fixamente o desenho daquela mulher sem saber distinguir os seus sentimentos.

Lamentava pelo sofrimento que ela disse ter sofrido com os filhos. Pensou em como deviam ser e sentiu um desejo imenso em conhecê-los.

Levantou o olhar para os demais e sentiu que esperavam que dissesse mais alguma coisa. Balançou os ombros, displicentemente, e aguardou o padre retomar seu relato.

— Depois daquele dia que conversamos sobre aquele poema do Tigre, lembra? — o padre relembrou Afonso daquela conversa que haviam tido alguns meses atrás. — Manuel confessou que ficou imensamente angustiado e tentado a te contar toda a verdade, porém não sabia quem você era de verdade. Até que foi ao Mercado e encontrou uma mulher idêntica ao retrato que você trazia no bolso da calça impermeável que usava no dia do acidente.

Afonso prestava a máxima atenção ao que o padre falava.

— Manuel então procurou saber quem ela era. Tudo o que sabiam dela era que era viúva de um pescador, cujo corpo nunca fora encontrado. Ele buscou saber mais até que juntou os fatos e concluiu que o esposo desaparecido dela era você.

Afonso mal conseguia engolir a saliva devido à emoção que estava sentindo. Mesmo que quisesse não conseguiria pronunciar palavra alguma. O padre continuou:

— Manuel não conseguiu ir mais ao mercado no mesmo dia em que ela ia. Mas me sinto na obrigação de dizer que ele fez questão de comprar todos os peixes que ela trazia. Não é a melhor coisa do mundo — o padre justificou ao ver a condenação estampada nos rostos dos ouvintes —, mas foi graças à propaganda que ele fez que ela passou a vender peixe seco como ninguém.

Afonso se levantou da cadeira onde estava sentado e passou a mão entre os cabelos desajeitados, trazia no rosto uma expressão de extremo cansaço.

Se considerava um homem forte. Aprendera com a amnésia a viver um dia de cada vez. Mas aquelas últimas horas estavam sendo difíceis demais. Era difícil ganhar e perder uma família. Tudo no mesmo dia.

Lamentou a morte do homem que acreditara ser seu pai e que acabara sendo seu único amigo nos últimos anos. Pensou na mãe, o que faria?

Se viu forçado a perguntar, mesmo sem esperar uma resposta.

— E agora? O que vou fazer? — A lenha no fogo crepitou, Afonso olhou na direção do fogo sem interesse visível. Continuou sua fala sem perceber a amargura que sua voz transmitia.

— Não posso ir embora agora e abandonar minha mãe, assim, desse jeito e doente.

Quando ele terminou de dizer isso, ficou momentaneamente absorto. Parecia que já tinha vivenciado esse mesmo dilema. Forçou a mente em busca da memória e começou a sentir uma dor latente. Mesmo assim, insistiu em querer descobrir o porquê daquela sensação. Então as lembranças começaram a surgir como uma enxurrada que não se consegue conter. Cambaleou, sentiu o suor escorrendo pelo pescoço, enquanto lembrava da sensação de ter que deixar a amada em Santos. Lembrou dos últimos dias de vida da sua querida mãe, e por fim sentiu a ternura invadir o coração quando a imagem de uma garotinha correndo ao seu encontro tornou-se nítida como se estivesse vivendo a cena naquele exato momento.

Maria, atenta a tudo, percebia a mudança que ocorria rapidamente na expressão do rapaz. Olhou para o marido e o padre, que retribuíram seu olhar com cumplicidade. Eles perceberam a gravidade do momento e não fizeram comentário ou movimento que pudesse pôr em risco o fluxo das lembranças que surgiam bem ali na frente deles.

Esperaram, quietos, até Afonso se reconectar ao momento e explicar com simplicidade:

— Já consigo lembrar de tudo.

Disse isso, enquanto se sentava na cadeira mais próxima, exausto.

Capítulo dezessete

Compreensão

Maria vendo a exaustão no semblante do moço compadeceu-se como se de fato ele fosse da família. Na verdade, pensou, ele honrou tanto sua irmã e o cunhado que, mesmo descobrindo a verdade, ainda pensava no cuidado da pobre Hilda.

— Você deveria descansar — ela propôs. — Deixa que eu cuidarei da minha irmã.

Ele olhou para os outros e ambos acenaram em concordância. O padre ainda reforçou:

— Você está péssimo, filho. Vai, depois teremos tempo para resolver o que for preciso.

Afonso retirou-se e foi caminhando, lentamente, em direção ao quarto.

Precisava dormir, sentia-se completamente esgotado. Pensou em passar no quarto da mãe para ver se estava tudo bem com ela, mas não encontrou forças.

Deitou-se na cama, fechando os olhos. Suas lembranças ainda eram um turbilhão em sua mente, deixando-o confuso. Lembrou-se do papel que tinha em seu bolso, abrindo os olhos subitamente. Olhou o retrato daquela mulher em suas mãos.

— Meu Deus — pediu baixinho, os olhos pesados de sono —, não me deixa esquecê-la de novo. — Então adormeceu.

***

O marido de Maria, homem mais prático e entendido das leis, achou ter chegado o momento de revelar o paradeiro do verdadeiro Isaque. Desse modo, as decisões que precisariam ser tomadas a respeito dos cuidados com a cunhada e do cuidado com a propriedade poderiam ser resolvidas de forma menos dramática.

— O que sabes a respeito do meu sobrinho? — Maria perguntou espantada, olhando com surpresa para o marido.

Ele olhou a esposa e disse: — Eu estava esperando o momento certo para te contar, mas as coisas aconteceram tão depressa que não tive tempo.

— Vou aproveitar que o senhor está presente e sabe de tudo — falou diretamente para o padre e então iniciou o relato sobre tudo o que havia descoberto: — Quando ainda estávamos em Brasília, minha filha encontrou-se com Manuel no mercado e por achá-lo muito estranho ela decidiu entrar em contato comigo para que eu pudesse averiguar o que estava acontecendo.

Maria tentou interrompê-lo, entretanto ele gesticulou com uma das mãos, pedindo para ela esperar ele terminar o relato.

— Então, pedi a alguns amigos que me deviam alguns favores para que investigassem sobre o paradeiro do meu sobrinho. Em um primeiro momento descobriram que ele de fato havia retornado ao Brasil. Mas, segundo os boatos, em nada parecia ser o mesmo, ou seja, viera completamente mudado. Segundo as informações que obtiveram, ele trabalhava muito e ninguém jamais o viu desfrutando a vida como outrora costumava fazer. Ainda pairava a informação de que ele de nada se lembrava. Confesso — ele disse pensativamente

— que isso muito me intrigou. Contatei uns agentes do consulado em Brasília em busca de mais informações até que enfim descobri que Isaque, nosso sobrinho, infelizmente, jamais havia retornado.

Maria pôs a mão na boca, tentando conter o pranto.

— Calma! — o marido pediu enfaticamente. — Ele não morreu, se é o que estás pensando.

Maria suspirou, agradecida!

— Ele, de acordo com as informações obtidas pelos agentes, após um período curto de farra, parece que de fato tomou gosto pelos estudos e levou a sério os esforços dos pais para torná-lo doutor.

— Coitada! Minha irmã sempre acreditou no filho! — Maria disse, arrependida. Estava envergonhada de ter pensado tanto mal do sobrinho.

O marido a olhou, hesitou um pouco esperando que ela quisesse acrescentar mais alguma coisa.

— Continue, continue! — disse ela curiosa para saber o que o manteve longe de casa por tanto tempo.

Seu esposo continuou a história:

— Porém, antes de retornar ao Brasil ele decidiu ir conhecer a África. Segundo o levantamento que fizeram, o recém-formado doutor estava movido pelo desejo de contribuir para amenizar a desnutrição naquele continente.

O padre suspirou profundamente. Sabia das mazelas daquele povo e lamentava pelo sofrimento pelo qual passavam aquelas crianças.

Ficou atento ao desfecho daquele surpreendente relato.

De acordo com as informações obtidas ele havia escrito ao pai relatando suas intenções de ficar fora por mais um tempo antes de retornar de vez para casa.

— Entretanto, lá, contraiu malária e ficou muito mal. Por vários meses foi tratado em um lugar remoto sem poder ser transferido, devido à sua fraqueza. Incomunicável — disse o homem com certo suspense. — O compadre deve ter pensado que o filho havia morrido — conjecturou.

Vendo que tinha a total atenção dos dois ouvintes, continuou:

— Agora, recuperado, ele está de passagem comprada para o Brasil.

Maria não sabia se chorava ou se ria.

O alívio que sentia era indescritível.

Seu marido a abraçou, descansando seu queixo em sua cabeça. Sabia o quanto a esposa se preocupava com os parentes.

O padre levantou-se, aproveitando o momento para também ir embora. Sentia-se imensamente cansado.

— Estou indo, mas caso precisem podem mandar chamar que logo venho.

— Obrigada, padre! Por tudo o que o senhor tem feito por nós — Maria agradeceu comovida.

— Não fiz nada além do meu dever — o homem respondeu com humildade, partindo logo em seguida.

O casal permaneceu por ali, conversavam sobre as reviravoltas do destino quando ouviram Hilda chamar.

Maria foi atender a irmã, que em um momento raro de lucidez perguntou por Manuel. Maria a olhou com piedade, sem saber se devia contar a verdade. Titubeou por um instante e antes que respondesse seu marido falou:

— Ei, cunhada! Tenho boas notícias! Próxima semana seu garoto chega.

Ela ficou olhando-o por um instante, depois se virou e perguntou para a irmã:

— Quem é você?

Maria olhou para o esposo pedindo com o olhar que as deixasse a sós.

Depois disso, Maria passou as próximas horas cuidando com carinho da irmã, enquanto meditava sobre a atitude do cunhado. Não conseguia mais julgá-lo, pois percebeu que para não magoar ainda mais uma pessoa a quem amamos é fácil esconder uma dura verdade.

Epílogo

Afonso acordou desorientado. Aos poucos foi lembrando de tudo que havia acontecido. Abriu a folha que colocara embaixo do seu travesseiro na esperança de que aquela imagem jamais saísse da sua memória!

Levantou-se depressa, logo que percebeu que o sol tinha nascido há algum tempo.

Afonso queria ir logo para perto da sua família, mas seu senso de dever o obrigou a cuidar dos animais do sítio, que haviam sido negligenciados nos últimos dias.

Antes de sair foi ver como a mãe, ainda não conseguia pensar diferente, a senhora, forçou-se a pensar assim, estava.

Encontrou com Maria no corredor, que o informou estar tudo bem. Saiu então para cuidar dos animais.

Maria ficou olhando o jovem enquanto preparava o café da manhã.

Nunca vira em sua vida uma pessoa com um caráter como o de Afonso. Mesmo depois de saber que sua vida tinha sido arrancada, ainda demonstrava bondade. Sua mulher devia ser alguém muito especial para merecer um homem assim.

Sorriu em meio às lágrimas. A vida era mesmo estranha!

Durante o café, todo o mistério sobre o retorno de Isaque foi elucidado; sabendo disso, Afonso sentiu-se livre para ir embora.

Ele estava pronto para partir.

Os anos que lhe foram negados deveriam ser recompensados com algum benefício que deixariam para acertar assim que Isaque retornasse.

Não foi fácil deixar a mulher que durante quase cinco anos achara ser sua mãe. Mas se tranquilizou sabendo que ela não ficaria desamparada, e que seu verdadeiro filho estava retornando.

O padre e o pastor apareceram em seguida, queriam saber como estavam todos. Aproveitaram o momento para se despedirem daquele homem simples e humilde que puderam conhecer.

Ao padre ainda coube entregar a Afonso um envelope que seu Manuel deixara para ele.

Era uma quantia em dinheiro.

Junto tinha também um bilhete rabiscado com uma letra trêmula e pouco legível.

"Sei que não mereço ser perdoado, mas eu queria.

Até tentei agir de outra forma, mas sou egoísta e, quando dei por mim, te amava como se fosse teu pai (nessa parte havia um borrão como se alguma coisa tivesse sido derramada). Afonso olhou com atenção e compreendeu que pareciam manchas de lágrimas. Ficou comovido e forçou-se a continuar a leitura.

Pensei que havia feito o que fiz pela Hilda, mas preciso confessar, fiz por mim! Não suportaria perder você, meu filho de coração."

Afonso disfarçou a emoção, não dava para apagar a mágoa que ainda estava sentindo. Olhou a varanda da casa onde tantas noites passaram conversando.

Também amara aquele homem como se de fato fosse seu pai. Não dava para apagar isso da sua história, por isso achou melhor perdoá-lo.

Precisava reconstruir uma nova história.

O esposo de Maria já estava com o carro preparado para levar Afonso até a Fazenda da Armação, onde estava seu destino. A viagem era longa, a mais longa que já fizera, mas ele chegaria em breve.

Amélia notara o quanto a mãe estava diferente nos últimos dias. A mulher andava distraída e mal havia tocado nos alimentos desde que retornara da viagem ao mercado. Embora Amélia insistisse em perguntar a resposta era sempre a mesma.

— Está tudo bem, querida.

— Mãeee! — Amélia gritou quando percebeu que de tão distraída a mulher quase se queimou com a água do café. — Deve estar acontecendo alguma coisa e você não quer me contar — a garota falou angustiada. Não gostava de ver a mãe assim.

A mulher viu a preocupação no rosto da filha, pensou um pouco e decidiu que ela já estava bem crescida e amadurecera muito nos últimos anos. Era quase uma mulher.

Decidiu que dividiria com ela a descoberta de que seu pai estava vivo. Mas como explicar à garota sua ausência?

— Amélia! — Foram interrompidas com um som de buzina, algo incomum naquelas bandas.

Curiosas saíram à rua para ver o que estava acontecendo. Viram os gêmeos em volta de um carro que parara a uns metros da casa.

Amélia olhou a mãe e percebeu que ela empalideceu no momento em que viu saltar um homem alto e moreno que ficou olhando para as duas, profundamente.

Amélia semicerrou os olhos, ele não parecia estranho, embora não conseguisse lembrar com exatidão de onde o conhecia.

Ele foi se aproximando, devagar. Olhou novamente a mãe, que naquele exato momento ria e chorava. Os meninos também se aproximaram, curiosos com a cena, pois jamais viram a mãe se jogar nos braços de um homem como fizera naquele instante.

A menina imaginou estar vendo coisas. Semicerrou os olhos. Ouviu uma voz que há muito tempo não ouvia.

— Amélia, minha menina, como você cresceu!

Amélia desatou a chorar, olhou para os irmãos dizendo:

— Não se espantem! — Fungou o nariz. — Esse homem... — apontou na direção do recém-chegado que permanecia abraçado à mãe, e juntos chamavam as crianças para partilharem daquele abraço — ele é o nosso Amado Pai! — concluiu dando um leve empurrãozinho nos garotos e jogando-se também nos braços do que ela sabia ser "a felicidade".

Agradecimentos

Agradeço a Deus por me inspirar e tornar possível a realização desse sonho!

Ao meu amado esposo Adalto pelo apoio incondicional a todos os meus projetos. Meus filhos: Betina e Isaac, vocês são os melhores!

Ao meu cunhado Arildo por acreditar no meu projeto e me incentivar sempre.

E, finalmente, a todas as pessoas que me ajudaram a tornar esse sonho realidade.

"Porque dele, por ele e para ele são todas as coisas. A ele seja a glória para sempre! Amém!" Romanos 11:36